提高心理免疫力

自为心理成长法

主　编：张海峰　夏嗣莲

副主编：王春雪　吴小怡　王　森

新华出版社

图书在版编目（CIP）数据

提高心理免疫力：自为心理成长法 / 张海峰，夏嗣莲主编 .
北京：新华出版社，2022.12
ISBN 978-7-5166-6600-5

Ⅰ . ①提…　Ⅱ . ①张…②夏…　Ⅲ . ①心理学—通俗读物　Ⅳ . ① B84-49

中国版本图书馆 CIP 数据核字（2022）第 228399 号

提高心理免疫力：自为心理成长法

主　　编： 张海峰　夏嗣莲　　**副 主 编：** 王春雪　吴小怡　王　森

责任编辑： 陈君君　　**封面设计：** 华兴嘉誉

出版发行： 新华出版社
地　　址： 北京石景山区京原路 8 号　　**邮　　编：** 100040
网　　址： http://www.xinhuapub.com
经　　销： 新华书店、新华出版社天猫旗舰店、京东旗舰店及各大网店
购书热线： 010-63077122　　**中国新闻书店购书热线：** 010-63072012

照　　排： 华兴嘉誉
印　　刷： 河北鑫兆源印刷有限公司

成品尺寸： 170mm × 240mm
印　　张： 15　　**字　　数：** 170 千字
版　　次： 2022 年 12 月第一版　　**印　　次：** 2022 年 12 月第一次印刷

书　　号： ISBN978-7-5166-6600-5
定　　价： 48.00 元

前 言

我做了十几年的个案心理咨询，也做了大量的政府机关、企事业单位、大中小学校的心理健康讲座和团体心理工作坊。有大量的来访者走出了内心的阴霾，摆脱了心灵的羁绊，重新回到阳光下生活；也有一些来访者一直没有成长，苦苦求索没有得到较好的改善。总结这些年的得与失，分析成长快和裹足不前者的差异，发现是否下决心改变现状、是否有信心相信自己能改变、是否马上开始行动锐意践行是成长关键。因此，我们常说，你才是你问题的核心，你是心理健康的第一责任人。心理工作者，实际上就是举灯的人，让你看清脚下的道路，走与不走，走哪条路，决定权在你自己手中。

在心理健康领域没有最健康，只有更健康。工作中我们也常常看到，很多来访者在心理亚健康的阶段一般以隐忍的方式对待问题，在拖到问题很严重的时候，才不得不接受专业的心理服务。现代社会每个人都承受着很大的压力，随着年龄的增长，如何减压、如何锻炼自己的抗压能力，实质上也就是提高心理免疫力，成为现代社会取得事业成功、获得健康快乐生活所必须具备的素养。

以全民心理健康为己任，是心理工作者义不容辞的责任，然而大家常常感到力不从心。打个比方来说，需要帮助的人，就像海滩上搁浅的鱼，心理工作者的工作，就像帮助一条条鱼重新回到大海（当然实际工作远比救助鱼复杂、费时、费力得多）。现在的问题是，迷失方向搁浅于海滩的鱼越来越多，有能力解决问题的心理工作者供不应求。

每个人都有向上、向好、向阳而生的本能，所有生命都希望精彩绽放，这应该就是王阳明先生所讲的人的良知之一。我们见到很多痛苦不堪，几次轻生的来访者，发现他们也只是一时被痛苦遮蔽了本心，适当疏导之后会发现，其本心依然非常渴望向阳而生。这是生命的动力，是告别问题和困扰，走向心理健康的核心驱动力。

基于以上的发现与思考，我们将十多年来心理咨询与治疗中不断研发、总结形成的有效的疗愈方法加以归纳总结和提炼，形成了一套实用的提高心理免疫力的方法——自为心理成长法。

自为心理成长法为心理健康服务探索出新途径。我们开展了大量的实践，取得了显著效果，获得了许多知名心理学专家和大批心理工作者的认可。

本书重点介绍自为心理成长法的理论和方法，适用于需要解决自身心理问题和提升心理能力的人阅读与实践。本书也是从事教育、心理、健康管理、人力资源等工作的专业技术人员学习新技术，提高工作水平的工具书。

目 录

第一章 自为心理成长法概论

第一节
什么是自为心理成长法

自为心理成长法（Self Improving Psychology，简称SIP），是指通过自我觉察认知自己，有针对性地采取科学有效的，以自我调理为核心的心理康复方法。也指通过有计划、科学化的自我锻炼达到提升心理免疫力的方法。随着心理科学及其相关科学的发展，特别是人工智能技术的广泛应用，已经逐渐形成了许多科学化、流程化的自我疗愈和自主提高心理免疫力的方法。

十几年来我们做了大量团体和个体的心理咨询案例，处理的都是情绪低落、长期失眠、偏头疼、反复发作的肠胃炎、全身游走性疼痛、易激惹、身体某些部位反复炎症、女性月经失调、男性性功能下降等问题。他们初期都认为是身体某些器官发生了问题，于是到处找大医院、权威专家诊断，去了很多家医院，看了很多科室，拿着一大摞诊断报告，结论是并没有发现有器质性问题。很多人都是在某科室医生的“你要不看一下心理科？”的提示下才意识到可能是心理方面的问题。这种情况不是个别现象，一度让我们这些多年从事心理工作的专业人士唏嘘。我们以为大家有足够的心理健康科学知识和素养，在面对自己的问题时，能自然而然想到可能有心理问题躯体化症状这一因素。实际上有30%—40%的人面对“心理感冒”时是茫然的，缺乏必要的心理健康知识。

我们大家身处社会大环境中，有时就像茫茫大海里的一叶小舟，一生中会面临诸如气候变化、自然灾害、人生变故等各种各样的问题和挑战，加上我们自身的肌体也会有生物节律的变化，有时调节能力和抵御能力会较弱。在这种情况下，人们会产生内心矛盾冲突、情绪紧张等反应，常常表现为情绪波动大，在心理上亢奋、消极、紧张、不安、愤怒、憎恨、忧愁、悲伤、痛苦、兴趣下降、烦躁，等等。在生理上出现一系列的症状如头疼、头晕、失眠、食欲不振、心悸、气促、全身无力等，这种情况如同感冒一样，时常会发生，通常都可以自愈。这种心理现象几乎在每个人身上都会发生，甚至会时有发生，因此被形象地称为心理感冒。

每个人终其一生离不开两个探索，一个是对外在世界的不断认知和探索，一个就是对于自己内心的自我探索。每个人在不同阶段对于自己的认知程度是不同的。人们常说健康是最重要的，健康是1，其余的才是1后面的0。对于维护身心健康而言，对自己身体状态和心理状态的觉察是非常重要的。我们需要常常觉察自己怎么样？有什么问题？为什么会有这些影响健康的问题？有的时候了解自己是一件很难的事情，甚至比了解别人还难。正所谓“不识庐山真面目，只缘身在此山中”。

现在科学技术的发展日新月异，已经有很多的科学方法和仪器设备，可以帮助我们科学地检测自己的身心状态、功能和能力等相关指标。这些指标既可以横向对比（自己和别人对比），也可以纵向对比（自己的过去和现在对比）。这对于自为者提高自我觉察水平和自我认知能力具有非常重要的意义。

在多年的科学研究和心理工作临床实践中，我们发现每个人产生心理问题时，都会找到相应生理结构和功能的改变。同时，无论采用什么样的心理调适和心理干预的方法，一个人走出心理困扰，重获健康，也都可以检测出他们生理结构和功能的相应变化。这样就有效地建立了“身”与“心”的有机连接。受这一科研结果的启发和引领，我们开发出一整套科学化、流程化的以来访者为中心的心理调适方法和技术。它可以促进和引领自为者以自己的力量为主解决自己的心理问题，或者未雨绸缪提高自己的心理免疫力。

自为心理成长法通过内求的方式解决自己的问题，告别痛苦，开启新的在阳光下的快乐人生。

第二节
自为心理成长法的诞生

俗话说“鸡蛋从内部打破就是生命的奇迹，孵化出小鸡；鸡蛋从外部打破就是事故”。总结十几年来我们治愈的成千上万有心理问题困扰的来访者案例，也系统分析了各种治疗方法和各种学术流派治愈成功案例的本质因素。我们发现核心要素就是问题主人的积极性和能动性，以及深刻认识到自己是心理健康改善第一责任人。凡是敢于直面自己的问题、用心探求问题的根源、坚信自己一定会好起来、千方百计与咨询师紧密配合的来访者，有的问题尽管积累很多、程度很深、改善起来如抽丝剥茧，但是最终进步都很快，心理问题得到了很大程度的改善甚至痊愈。相反，那些信心不足、希望遇到一位顶级专家开点药，或者找到一位顶级心理大师做几次咨询、不用自己费力就可以马上解决问题的来访者，他们总是在一次次地寻找，一次次地尝试，一次次地在失望中游离，花了很多钱，费了很多时间，问题非但没有得到解决，有的还越来越严重了。

我常常和学员讲，不要因为调理好一个来访者而得意忘形，真正的心理专家应该是无名英雄。默默地、潜移默化地引导和启发来访者，逐渐梳理情绪问题，不断战胜心理困惑，来访者自己内心承受能力和调节能力变得越来越强大，越来越不需要依赖心理工作者了，这才是真正的治愈。如果来访者一直依赖心理工作者，把心理工作者当作精神领袖和心灵依靠，持续几年都离不开老师，看不到自己心理能力的提升，一旦离开老师的支持问题依然不断、困难重重，那不是真正有效果。

心理工作者就是一个举灯的人，帮助来访者看清楚脚下的路。几条路来访者清楚地看到了，至于选择哪条路、迈不迈步、何时迈步、一步迈多大，真正的选择权都在来访者手里。因此，从本质上来讲，自愈才是核心，把由专家为主导的心理服务模式转变成为自己主导的新服务模式，是我们心理工作者觉悟之后重新思考的必然之选。

心理科学诞生一百多年了，传统的心理咨询与心理治疗是依靠专家一对一或一对多进行的。这是当时欧美国家人口基数小、国民整体受教育程度高、专家与客户需求比例比较适配、人们生活节奏相对较慢的情形下形成的方式。如今时代不同了，心理服务模式也必然要应时代的发展和自为者的需求变化而变化。现代人生活节奏快，工作压力大，很难有大块的时间、固定的时段来到心理工作室系统地接受少则十几次多则几十次甚至上百次的心理咨询或心理治疗。当然对于问题严重到不能上学、上班的人士来说，这样也是可以的，但是对于大多数心理亚健康还坚持上学、上班的人士来说，就很不现实。事实上，也正是因为这些亚健康的人士没有很好的途径和方法进行及时科学地调理，有些人忍着、拖着使得症状越来越严重。

现代社会的人们更加习惯于借助手机或电脑，通过媒体快餐式地获取知识、学习技能。知识与技能的传播工具和手段也变得非常丰富和便捷，可以充分支持自为心理成长法的理念传播、方法教授和工具使用。

现代科学技术的进步，不断催促人们提高效率，信息大爆炸时代下的人们，每天比古代人面临着不知多多少倍的问题和挑战。这些问题和挑战给人们带来的情绪波动会更加剧烈和频繁，这就要求心理服务也要及时到位。很多来访者说，某时某刻我是多么需要你的支持呀，但是我没法联系你，现在来到咨询室感觉事情都过去了。显而易见，传统的一周一次、一次一小时的心理服务模式，不能满足来访者心理需求的多元化。

数字处理技术、计算机运行存储技术、大数据分析技术等的发展，为心理科学的发展插上了翅膀。总结几十年来特别是近十五年来心理服务取得良好效果的案例，科学家们已经把心理服务的过程与来访者的生理指标相对应，可以利用人工智能的方法设计和优化心理服务过程和流程。针对不同来访者，可以检测其生理和心理指标的变化，根据检测结果精准地制定个性化的调理策略，提供定制化、精准化的服务。科技的进步可以辅助自为者清晰了解自己的状态，了解问题的严重程度，了解产生问题的深层原因。同时可以为自为者精准制定解决问题、逐步治愈的方案和策略。科技的进步也可以使心理康复的过程可视化，以动态、及时反馈的方式进行调理和训练。这对自为者而言具有很大的帮助，可以利用碎片化的时间，在非常轻松愉快的氛围下，高效率、精准化地进行自我疗愈。

自为心理成长法改变了心理服务的主体与客体的关系，过去以医生为主导的模式转变为强调心理问题的特殊性，以自为者为主体。一切服务模式的设计和开展都要围绕自为者的需求，听从自为者的支配和调度。自为者必须发挥自己的主观能动性，自觉、自愿努力改变自己。自为心理成长法特别适于开展预防性为主、主动提高心理免疫力的训练。

第三节 传统心理健康服务的现状

对于心理问题的当事人而言，一旦感受到心理不适或者出现躯体化症状，会有一种茫然无助之感。很多人第一时间想到的是去著名的医疗机构，经过漫长的等待终于挂号成功，好不容易有机会去看医生了，但是医疗资源实在有限，医生给每个患者就诊时间也只能有 5—10 分钟。很多患者事后描述：我觉得我见到医生时有点儿紧张，自己的问题一时不知道从何说起。我觉得我并没有把自己的问题讲清楚，同时我也感觉到医生并没有听懂我在说什么，前后不到 5 分钟就给我开了药，我心里很没底。实际心理治疗中，排斥吃药，吃药后效果不明显，服用药物后副作用较大，因为耐药性而不断加大剂量和调整药物种类，长期服用药物产生依赖性等的问题也很多。临床工作中经常会遇到持续服用药物超过 5 年的病人，一直不敢停药，心理状态也时好时坏。

药物治疗是非常重要的治疗手段之一，有其不可替代的作用，很多人也通过药物治疗缓解了症状，稳定了情绪。但是药物治疗有其严格的标准，只有达到服药标准的才适合药物治疗。我认为能够不依赖药物健康生活，才算是真正意义上的痊愈。因此，我们需要以自我为主体，建立解决自己心理问题的系统化思维模式，找到自我修复和自我提升的途径，最终实现脱离药物的自我康复。

有的患者及其家人，在遇到心理困扰时，希望找社会上的心理服务机构来解决问题。但遍寻之后发现，目前全国各地的心理服务机构及从业者也是良莠不齐、鱼龙混杂，难以找到服务质量让人放心的知名品牌，况且心理咨询服务是一个对于专业技能和咨访关系匹配度非常高的职业。心理咨询师必须在专业技能、服务经验甚至人生阅历等多个维度远远高于来访者，咨询效果才易于呈现。

曾经有一位局级干部，因为升职受挫又担心组织审查而失眠、抑郁。他经朋友介绍找了一位心理咨询师寻求帮助。第一次咨询之后他就很失望，觉得咨询师没有机关工作的经验，也没有太多的人生阅历，感觉不能理解他讲的很多东西。咨询师也感到很强的无力感。

还有一位中年女性因子女教育问题和夫妻关系问题求助一位资深的心理工作者，可是当她了解到这位心理工作者既没有结婚也没有孩子时，她就产生了强烈的不信任感，咨询联盟没有建立起来。

心理健康产业十几年前就被大家一致看好，认为国人对于心理健康的需求会越来越旺盛，市场会出现井喷式发展。但是十几年过去了，大家翘首期盼的井喷也没有看到。究其原因，我认为传统的心理健康服务模式是个性化很强的，解决问题差异很大的手工作坊式的服务模式。这样的服务模式，当然很难实现产业化发展，也很难形成规模经济与效益。心理咨询工作非常有意思，富有挑战性，不容易有职业倦怠，因为每天都遇到不同的人，面对不同的问题。同时，心理咨询工作也非常难，因为要针对不同的人和问题随机应变，采用不同的咨询技术。心理服务的标准很难建立，我们可以设想，如果一个来访者，分别找十位心理咨询师进行咨询，可以肯定，每位咨询师的工作思路、工作风格、咨询技术肯定会不一样。在实际工作中发现，从来没有体验过心理咨询的，一起工作起来比较顺畅。经过很多咨询师服务的来访者，往往对心理咨询有很多不信任和偏见，刚开始和他们一起工作就会很吃力。经常有来访者同我讲：其实我不想来，家人逼着我来的，我以前做过心理咨询，我觉得对我没什么帮助，我不太相信这种方式。

现代社会进入了信息高度发达、资讯大爆炸的时代，大家获取知识和信息的渠道非常多，也很容易。这也造就了大众新的思维模式，每个人都可以是一个思想中心、传播中心。大众也逐步养成了以自己为中心主动获取知识和技能的行为习惯。我们发现在传统的心理咨询室里，来访者对心理工作者的依从性越来越低，经常出现心理工作者一个词语运用不当，来访者立即反应很强烈的情况。也经常会发生来访者掌握的信息和知识，心理工作者不知道的情况。专家式、权威式、引领式的心理服务模式越来越被以自为者为中心的服务模式所替代。这也是人本主义和后现代心理咨询技术逐渐发展的原因。正念训练被西方国家的白领阶层接受，现在越来越多的国人也很喜欢，主要原因是现代人已经意识到以自己为核心的主动学习和主动改变才是解决自己心理问题的正确方式。

第四节
自为心理成长法的诞生恰逢其时

在移动互联网时代，社会正在快速步入一个全新的“三自”时代，自动化、自主化与自发化的趋势不可逆转。心理健康服务也从医疗机构、咨询机构、权威专家为主的模式向应用现代化设备和工具发挥自己的能动性，自助式解决自己心理问题的方向过渡。

近十几年来，大家普遍感觉压力非常大，越来越大，学业竞争压力、职场压力、子女教育压力、亲子关系压力、住房问题、医疗养老问题等几乎压得大家喘不过气来。大中型城市年轻人感觉婚育、住房等的压力很大；中年人上有老，下有小，又是事业上的中流砥柱；老年人价值感缺失，因子女不在身边而感到孤单、寂寞。大家都说物质丰富了，生活便捷了，社会进步了，但是幸福感并没有提升太多。

一位来自天津的高二男学生，在学校常被同学作弄、欺负，逼他花钱请客，他的情绪越来越低落。他有个上小学二年级的弟弟，在家里弟弟伶牙俐齿，很会逗父母开心。相比之下，他沉默寡言，父亲经常看他不顺眼。有一次因为和弟弟发生矛盾，他被父亲打了一顿。这成了压垮骆驼的最后一根稻草，他感觉特别委屈，从此一天比一天抑郁，不能上学了。两条手臂上用小刀密密麻麻划了许多血道子，看了让人揪心。

有一位 42 岁的外企男高管，分期付款在北京市一个繁华地带买了一套 100 多平方米的三居室房子。妻子全职在家带两个小孩。女儿上小学，儿子上幼儿园，生活过得繁忙而充实。持续的新冠病毒肺炎疫情，最终他收到了裁员的通知。面对失业的打击和房贷即将断供的困境，家庭开支出现了严重的问题。他一下子崩溃了，他讲，自己实在是太痛苦了，几次爬到楼顶想跳下去，但是实在是放不下妻儿。他很清楚，自己离开了这个世界，老婆和两个孩子生活会更加凄惨。可自己这种状态，真的能好起来吗？

我们可以清楚地看到，以上两个案例的来访者都遇到了严重的心理危机。在调理康复过程中，不管是用药物或者是做心理支持治疗，可能只能缓解一时的危机。要想有质的变化，还需要在心理工作者的帮助下，来访者自己建立起新的心智模式，做根本的转化与成长。这正是自为心理成长法的优势所在。

随着社会生活的复杂化、多元化，各类型问题层出不穷，对传统心理咨询师知识、技能和经验的要求越来越高。成熟、专业、能力强的心理工作者与日益增长的社会需求量相比，可以说是杯水车薪，完全无法满足社会对心理健康服务的需求。

前几年去江西省某一个重点中学考察，校长介绍说：我们学校有两万多名在校初中、高中的学生，孩子们的心理问题非常多。我们花大力气配备了专职和兼职心理老师 12 位，这在全国学校来说也是高配置了。但是，就算有 20% 的学生需要心理服务，每人按照至少 6 次心理咨询考虑，每次 1 小时时间，需要做 2.4 万小时的心理咨询。学生在校时间平均为 9 个月（不算寒假和暑假），那就意味着每个心理老师每天需要做 7 个多小时的心理咨询工作，这肯定是不现实的。兼职心理老师不能天天来学校服务，也满足不了学校需求。所以，学校维护学生心理健康的工作非常难，我们也一直在探索更好的解决方案。

自为心理成长法倡导的“你是你问题的主人，你是解决自身问题的主体”的理念，充分发挥了互联网时代人们对于解决问题的自动化、自助化、个性化需要的特点。同时，这个科技飞速发展、创新不断的时代，为自为心理成长法的发展提供了坚强的科技支持。

由此可见，自为心理成长法生逢其时，必将被大众接受，普惠大众。

第五节
自为心理成长法的未来展望

未来几年，随着心理工作者不断进行科普宣传，大家持续自我学习，大众的心理健康素养会普遍提升。过去那种因心理问题产生的躯体化症状，看很多医院，做很多化验和身体检查，占用了大量医疗资源，最后才想到心理问题的情况会越来越少。

社会资本也会越来越青睐于心理健康产业，心理工作者会与资本紧密结合，利用各种传媒和自媒体工具，多层次、多角度地为来访者提供立体化、个性化、多元化的服务。80% 以上的国民会认识到心理健康对于提高生命整体健康和生活质量的重要意义，愿意花更多的钱、花更多的时间重视自己的心理建设，提高自己的心理免疫力。能够识别自己和家人的心理问题，在面对心理感冒时能够有良好的渠道获得科学规范的、适合自己的心理康复计划。人人都是心理健康大使，国人幸福感会增强。

在自为心理成长法理论体系和方法论的指导下，辅助自为者检测和识别心理问题的工具，帮助自为者训练和调适心理状态的装备，会越来越多。自为者可以非常方便地使用这些基于互联网平台的工具和装备，足不出户解决一般性的心理问题（按照目前的法律、法规规定，严重心理问题和精神疾病还需要到专科医院就医，需要辅助心理咨询服务的，需要有专科医生的医嘱）。

传统的心理咨询师队伍也会出现细化和分化，会出现心理促进师。心理促进师细分为心理倾听师（简称倾听师），心理训练师（简称训练师）和心理指导师（简称指导师）。

当自为者觉得自己有一肚子话要说，和家人说又怕引起过度担心，和朋友说，有些隐私怕被外传，这时可以找到心理倾听师。受过严格职业伦理培训和专业技能训练的倾听师是自为者最好的倾诉对象。

当自为者需要提升某项心理能力或者需要调适某项心理状态时，专业的心理训练师可以协助自为者科学制订训练科目和训练计划，并且陪伴和协助自为者完成训练，有计划、按步骤完成能力提升和功能修复。

自为者受一些心理问题的困扰，需要非常专业的心理工作者帮助其分析问题，协助其找到问题背后的深层心理因素，厘清一些不合理的认知和改变不良的思维习惯，则可以请具有相应能力的心理指导师与其一起工作。

从科技助力的角度而言，自为者面临的心理问题，有现成的检测仪器可以帮助自为者快速、准确地确定问题的程度、问题的性质，以及导致问题出现的主要因素和次要因素。然后，自为者可以根据检测结果制订个性化的调理方案。各类精准定制的调理和训练的工具为自为者提供随时随地的服务。在家里、在办公室或是在旅途中，借助手机、电脑等电子设备的辅助，人机交互地进行训练和调理。有心理问题者可以训练，希望提高心理免疫力者也可以训练。

这种方便快捷、互联互通的心理服务模式，可以保证自为者在症状较轻或者在亚健康阶段就尽早地进行自我调理，有利于将问题解决在初发和萌芽的阶段，有效预防心理亚健康向心理问题或心理疾病的转化。互联互通的服务模式也有利于处于心理疾病的患者，方便地找到专业的医疗机构和专科医生，在医生和药物的帮助下尽快缓解症状。这种分级、精准、快捷的心理服务模式也可以在因为应激反应和过激反应引发的人身伤害和社会危害事件上发挥作用，为维护社会稳定做出贡献。

2019 年我们曾服务过一位公务员，男性，50 多岁。他因为年迈的母亲身体不好需要照顾而长期与母亲生活在一起，很少回自己的家。这引起了妻子的不满，两人的矛盾越来越深，感情破裂导致离婚。他就一直安心照顾母亲。一直照顾了七八年，母亲去世了，于是他的生活节奏被打乱了，心理上也承受了巨大的打击，出现了失眠、抑郁的症状。他去专科医院就医，医生开了治疗失眠和抗抑郁的药物，服用后效果很好。医生建议他至少服用两年的药物。但是他觉得，决不能靠药物维持状态。他来到我们工作室，希望接受自为心理康复。有客户自强自立的决心，加上服药一段时间效果很好，依从性高，我们一起工作就很顺利。通过仪器检测，定义了他的问题程度和问题所在，制订了训练调理的计划。训练师指导他每天上午、下午各做 30—60 分钟的专项心理状态调理和心理能力训练。为他做每周一次、一次一小时、一对一心理指导。集中练习一个多月的时间，他的状态维持得很好。在征得主治医生同意的情况下逐步减药，最终停止了服用药物。之后一直随访到现在，状态一直保持得很好。

互联网、人工智能、大数据分析应用、元宇宙等高科技手段会加速助推心理健康产业的发展，为自为心理治疗提供越来越多具有高科技含量的助力辅助手段。在物质文明较为丰富的新时代，人们的精神世界同步发展和丰富，国民的快乐和幸福指数会大幅度提高。

第二章 每个生命都可以精彩绽放

第一节
心理健康问题是每个人都要面对的人生课题

中国心理卫生协会几年前曾经做过一个抽样统计，全国心理健康的人群占 9%，83.8% 的人处于心理亚健康状态，6% 的人群处于心理疾病状态，精神病患者的比例为 1.2%。这还是在新型冠状病毒肺炎疫情发生前做出的统计和研究。随着疫情对人们工作、生活、出行、收入等带来的影响，心理疾病和心理亚健康的人群有增无减。

纵观我们每个人的一生，都会有起起伏伏的变化，每个人都会经历生老病死的考验，几乎每个人都会经历与至亲至爱的人分离甚至是永别的痛苦。生活中的黑暗时刻，人生旅途中的突然变故，人们常说的黑无常与白无常，或者为了完成某一项使命不得不面对人生的巨大挑战，这些都会使人的内心承受巨大的冲击。即便是内心极为强大的人，有时也会感到打击巨大，无法面对。

人们常说："家家有本难念的经。"每个人都会有内心深处的痛苦，每个人都会有软弱的时候。就像那首歌里唱的："一时失志不免怨叹，一时落魄不免胆寒"，这是每个人必须面对的人生课题。就像我们生活的天地一样，有阳光明媚、风和日丽、温暖如春的好天气，也会有狂风暴雨、严寒酷暑、阴云密布的坏天气。但是经历风雨之后一定会又见彩虹，狂风暴雨之后的天空会更美丽。洗尽铅华，百战归来的人生也才显得那么厚重、那么沉稳、那么踏实。

我刚参加工作时，住在单位的集体宿舍，有一位 37 岁的女性宿舍管理员，她个头儿不高，瘦瘦的身材，黑黑的皮肤，五官很精致。我们都叫她小李老师。因为她特别勤快，对我们也总是笑脸相迎，主动打招呼，一来二去，也就比较熟悉了。当时我遇到了人生第一次重大的打击，父亲被诊断为恶性肿瘤。一个人在北京既要照顾父亲，又要联系医院住院。对于一个刚刚走出校园，走向社会没有承担过任何家庭责任的我来说，可以用痛不欲生来形容当时的感受。小李老师知道我的情况后，和我说："你知道吗，你看我整天面带微笑，其实我内心也很苦，我的生活遭遇比你惨多了。我是一位乳腺癌患者，查出来一年多了，领导为了照顾我，才让我来管理宿舍，工作可以轻松一点儿。我们家有癌症遗传基因，我没有见过我的爷爷奶奶，我爸很小的时候，他们都去世了。我父亲、大爷、姑姑这两年陆续都因癌症去世。我生病后爱人也和我离了婚，我自己一个人带着女儿。我知道我活不了多久，现在最大的痛苦是我走了以后，7 岁的女儿怎么办。但是，活着就要珍惜每一天，快快乐乐地把日子活出质量来，争取做好自己该做的。"她朴实无华的语言，给予了我极大的心理支持，时至今天回想起来都会觉得特别励志，她的精神永远激励着我。

第二节
选择在阳光下生活

如果我们仔细观察和品味自然界的各种动物和植物，会发现万千生物都在追求成为最好的自己，并通过繁衍的方式让物种一直延续下去，绵延不断。换句话说自然界的生物都有向上、向好自发的内驱力。这是生物的本性，是万物进化、自然选择的必然结果。

我们在心理服务工作中看到，很多来访者曾经一度悲观失望、痛苦不堪，自我贬低到了极点，失去了生活的勇气。有的甚至有过多次轻生的行为。当用专业技术帮助他们稳定情绪时，可以真切地看到他们比常人有更强烈的求生的本能，看到那颗可爱、向上、向阳、向好而生的本心只是在痛苦和迷茫中一时蒙尘。

我们可以重新用这样的认知来看待自己和身边的人和事。比如家长在批评孩子的时候总觉得孩子不自律，没有上进心，因此成绩才会这么不理想。但是你与他仔细分析和耐心交流就会发现，孩子因为成绩不理想而产生的内心痛苦比家长更强烈（当然爱面子的孩子通常会掩饰这一点）。孩子同样拥有一颗向阳、向上、向好的心。只是没有学会具体怎么努力、怎么一点点取得进步的具体操作方法和路线图。心理学研究表明，人在某种强烈需求被压抑，找不到实现路径时，有时会出现反向形成的表现。比如努力学习、取得好成绩的愿望没有变成现实，有的孩子就因受挫而不学，再加上老师和家长的指责，情绪压力很大，干脆选择躺平。有的孩子通过没日没夜玩游戏来缓解内心的痛苦。

既然每个人都有向好、向上、向阳而生的本能，我们就应该顺应这种本能。在遇到困难和挫折时，积极想办法，做好应对。当遭遇心理感冒时，要能够以积极的心态，采用科学的方法来解决问题。内心要坚信生活就是这样，有风雨也会有彩虹，要不断锤炼自己，提高心理免疫能力，有足够的智慧与能力走出阴霾，迎接阳光。

第三节
每个人都能够获得心理健康

其实比起财富的获取和生理健康的保持，心理健康更容易获得，因为它更偏向于主观和自主的选择。在心理服务工作中，有许许多多家境贫寒、身体严重残疾的人士，依然谈笑风生、乐观幽默，拖着不便的身体，努力从事着自己喜欢、对他人有益的事业。我们经常遇到生活富足、社会地位很高的人士，内心极度痛苦，对现实生活和未来没有信心。能看到他们内心的空虚和痛不欲生的生活现状。

在实际工作中，有的来访者问题很严重，但是经过系统、科学的调理，恢复得非常好。总结工作经验，最难的不是后面的调理和治疗，而是开始必须面对的两点：一是来访者有没有消除内心的蒙尘，焕发出“我要好起来”的内心动力；二是来访者能不能建立“我能好起来”的信心和勇气，愿意接受心理工作者的服务。这两个问题解决好了，后面的工作往往会特别顺利，康复效果会很好。作为心理工作者，如何激发来访者心中快要熄灭的小火苗，让其重拾信心，愿意与心理工作者一起努力，解决自己的问题和困扰，是一项非常重要的工作任务。

统计数据表明，来访者是否可以顺利康复，与其初始时的状态严重程度没有直接关系。有的开始时问题很严重，但是态度积极，配合得好，方法得当，康复得很快。有的来访者开始时症状比较轻，但是内心充满了狐疑和不确定，配合度很低，反复在原地打转，康复会很不顺利。

人人都有获得心理健康的权利，同样人人也都有获得心理健康的内在资源。童年的创伤、不幸的人生经历、不合理的信念、突发事件后的应激障碍等，只要下决心自我更新，经过不断的自我疗愈，最终都能够走出阴霾，迎来新的美好人生。

第四节
没有最健康，只有更健康

“人生可比是海上的波浪，有时起，有时落”，这是人生的常态。趋利避害是生物的本能。得意时踌躇满志，失意时唉声叹气这是人之常情。因此，人的心理状态也会呈现起伏和波动。就全民而言，心理健康水平呈现正态分布的趋势，就一个时间点来看，心理特别健康和严重心理疾病的人群相对较少，心理亚健康人群分布最广。从一段时间来看，经济上行、社会平稳、国家发展欣欣向荣的时候，全民的心理健康状态会整体趋好。相反，出现大的灾难、疫情、社会不良事件、经济下行，民众整体的心理状态会变差。

就一个人而言，不同的年龄阶段，面对不同的人生任务，心理健康的水平也会有好坏的变化。常见的如刚入学、青春期、刚工作、孕产期、更年期、刚退休等阶段，人通常会遭遇更大的心理挑战。即使是心理状态特别好的人，也会有心理的阴暗面和柔弱点。同样，即使一个人心理状态特别好的时期，也可以继续锤炼和提升心理能力，提高心理免疫力，也就是说心理健康可以实现强者更强。

就一个人而言，近来之所以心理健康水平很高，也许不是因为他境遇好，生活平静，而是因为他心理调节能力和心理承受能力强，心理免疫力就强。因此，我们每个人都可以未雨绸缪，通过科学的、循序渐进的方式锻炼和强化自己的心理能力。有朝一日，需要我们面对困难和挑战或完成一项重要而艰巨的任务时，就可以做到举重若轻。

第五节
快乐是人生的重要目标

有人说人这一生，离不开酒色财气。也有人说人一生的追求无外乎“名利”二字。2019 年 9 月，我给一个航空公司做一场团体心理讲座，一位负责会场准备的小伙子问我：“老师，您能一句话告诉我，心理学是做什么的吗？”我想了一下说：“我觉得心理学是研究让我们如何获得快乐的科学。”小伙子不以为然地说：“给我一个亿，我就快乐了。”事实是这样吗？一个人的认知、人品、学识、修为等不到位，怎么可能轻而易举获得一个亿的财富？凭什么你会拥有巨大的财富？假设就是天上掉馅儿饼，正好砸中了这个小伙子，获得了意外之财，你如何来驾驭这一个亿的财富，会不会内心膨胀，干一些不该干的事，最终毁灭了自己？世间德不配位的高官、富商，最终身败名裂、英年早逝、抑郁自杀的案例不胜枚举。

在危机四伏的远古时代或是饱受战争与灾害威胁的现代社会，人们有一个安全的环境，免受人身安全的威胁就是最大的快乐。身处经济匮乏年代，食不果腹、衣不蔽体的人们，能吃上一顿有鱼有肉的大餐，穿上一件新衣服，那就是巨大的快乐了。对于现代大多数人而言，吃饱、穿暖已经基本不成问题了，于是人们更希望实现自己的价值。被爱、被接纳、被需要、自我实现成为现代年轻人追求的主旋律。

总之，不论什么年代、什么状态下的人们，表面看也许追求的内容不同，但是本质上都是追求内心的安宁与安全，追求快乐的生活。一个人一生中大部分时间都是平静而快乐的，那么我们可以说他的一生是幸福的。

既然我们的日标是追求持续快乐的人生，为何要受名利所困？为何要因名利一时的求不得而心焦呢？快乐是很依赖主观能动性的事，可以优先于物质条件、社会地位等而存在于我们的心田。古往今来许多仁人志士，他们或者被贬，或者屡屡遭遇人生变故，但他们依然是乐天派，依然快乐生活，笑对人生。此时此景，不由得让我想起了千百年来传颂的苏轼的那首千古绝唱：

《定风波·莫听穿林打叶声》

宋·苏轼

莫听穿林打叶声，
何妨吟啸且徐行。
竹杖芒鞋轻胜马，谁怕？
一蓑烟雨任平生。
料峭春风吹酒醒，微冷，
山头斜照却相迎。
回首向来萧瑟处，归去，
也无风雨也无晴。

第六节
快乐是一种竞争力

世界的本质是物竞天择，适者生存。要想获得成功就必须付出巨大的努力，克服重重艰难险阻。所有今天看来大获成功的摩天大厦或万吨巨轮，也都是从小到大一点点积累、由弱到强发展起来的。而其发展壮大的过程中都会遭遇各种问题、困难和挑战，几乎都是九死一生。其间如果掌舵人能保持一颗快乐的心，面对问题、困难和挑战时就可以有一个良好的、积极的心态，增添更多战胜困难的勇气，急中生智想出更多的解决问题、克服困难、战胜挑战的策略。相反，如果掌舵人面对问题、困难和挑战时表现得垂头丧气、闷闷不乐、萎靡不振，恐怕问题还没有解决，掌舵人的身体就会出现严重的问题。辉煌创业，半路折戟的案例俯拾皆是。

日常生活中大家都会有体验，都喜欢和阳光快乐的人在一起。每当和充满快乐情绪的人在一起，空气也会变得活跃起来，大家都会受其感染，变得轻松愉悦。因此，现实生活中，快乐的人更受人欢迎，好运更容易降临到他们头上。如果他们带领团队创业，团队的凝聚力也会更好，成功的机会也会大大增加。

因此，心理学经过多年的研究和临床实践观察提出，快乐是一种竞争力。

将人生的努力与追求比喻成攀登一座高峰，您是愿意快快乐乐地登山呢，还是愁眉苦脸地登山呢？哪一种心态对身心健康更有利、对身心的伤害更小？哪一种心态会攀登得更高、更远？如果在晚年回首一生，哪一种生活状态才是您的选择呢？

第三章 心理问题的生理机制

第一节
人体是一个统一的整体

人体有四大组织，分别是上皮组织、肌肉组织、结缔组织和神经组织。组织按照一定的规律组合成器官，器官是具有一定形态和功能的结构。人体分为八大系统，分别是神经系统、内分泌系统、呼吸系统、循环系统、消化系统、泌尿系统、生殖系统和运动系统。人的生命活动是各器官和系统协调工作的结果。人的生理活动和心理活动是浑然一体的，之所以人为地分成心理活动和生理活动，完全是为了研究的便捷性。这就不难理解，为什么会有许多心理压力会引起生理反应和躯体化症状。也不难理解为什么发生一些生理疾病时，会诱发心理问题。

我们应该认识到，人体是一个统一的整体，不要单一、片面、机械地看待人的问题，而是应该有整体化、系统化的思维。举例来说，一个人体检发现患了恶性肿瘤，在医学救治其病灶时，也要考虑到其心理上的压力和创伤。同时，在疾病得到控制进入康复期后，我们应该分析病因，其罹患恶性肿瘤有没有长期情绪压力大、睡眠不好、生活不规律等问题；大病康复后，是否还有很多担心，是否做好了今后如何面对生活的心理建设？从生活方式的调理和心理减压的角度，调整好心理状态，可以更好地帮助其康复，很大程度上减少肿瘤复发。

第二节
大脑功能与心理相关的生物学机制

一、大脑对心理的影响

大脑是神经系统的司令部，是生命活动的中枢，同时也是调控全身各系统运行的中心。大脑也是情绪、智力、睡眠与觉醒、行为的中枢。有句俗话讲：“人生好不好，关键看大脑。”当我们面对不良刺激，出现应激反应或产生负性情绪时，通过下丘脑—垂体—肾上腺轴，会产生联合作用。肾上腺素分泌会旺盛，身体会分泌过多的压力激素，促使心跳加快、血压升高，这会威胁到我们的心血管系统的健康。

另外，当大脑感知到压力和负性情绪时，会通过神经调控机制，作用到免疫系统，促炎细胞因子被激活，抗炎细胞因子被抑制。炎症因子的释放会激发一些炎性反应。免疫细胞的功能被抑制，会引发一系列免疫系统的疾病，或者引起过度免疫激活把自身的好细胞杀死。或者是造成免疫系统功能低下，不能抵御肿瘤或外来病毒的入侵。

大脑也是全身内分泌系统调控的最高中枢，它通过下丘脑—垂体—肾上腺轴、下丘脑—垂体—甲状腺轴、下丘脑—垂体—性腺轴等，依靠分泌不同浓度的肾上腺素、甲状腺素、雌激素、睾酮素等来调节人体机能。肾上腺素有兴奋交感神经的作用，可使心跳加快、呼吸加快、血流加速、血糖升高、瞳孔放大，提高人体应激能力。肾上腺素可使心脏、肝脏等血管扩张，皮肤黏膜血管收缩，利用这些作用，临床常用于治疗心脏骤停、过敏性休克等严重疾病。肾上腺素产生过多，可引起面色苍白、失眠、头疼、四肢发冷、心慌、血压升高，严重时可出现惊厥等。因此，当有肾上腺素增多不适时，要减少刺激，避免发生意外。

甲状腺素具有促进物质和能量代谢，促进机体生长发育过程的作用；具有产热的作用，可以提高基础代谢率，促进小肠黏膜对糖的吸收，增强糖原分解，抑制糖原合成；加强肾上腺素、胰高血糖素、皮质醇和生长激素的升糖作用；加强外周组织对糖的利用，降低血糖，同时还可以促进脂肪酸氧化，增强儿茶酚胺对脂肪的分解作用，也可以促进胆固醇的降解或者合成。

雌激素能促进女性生殖器官的发育，促进子宫发育使子宫内膜发生增生期变化，增加子宫颈黏液的分泌；促进输卵管上皮增生分泌及输卵管的运动，有利于精子与卵子的运动；促进乳腺的发育，促进脂肪沉积于乳腺及臀部等部位，毛发呈女性分布且嗓音音调较高，出现并维持女性的第二性征。雌激素还能够影响代谢过程，对蛋白质及脂肪代谢、骨骼代谢及水盐代谢都能发生影响。高浓度的雌激素可以使醛固酮分泌增多而导致水钠潴留。

睾酮素主要的功效是促进男性性器官的成熟，以及第二性征的发育；促进蛋白质的合成，使肌肉增长、体重增加；还可以刺激骨髓的造血机能，促进红细胞和白细胞的生长，同时和骨骼的健康密切相关。

二、三重脑理论

早在 1952 年，美国国家精神卫生研究院（National Institute of Mental Health ）大脑研究和行为实验室主任保尔·麦克里恩（Paul Maclean）提出了“三重脑”（Triune brain）理论。此理论根据演化阶段，将大脑分成“爬虫脑”（Reptilian brain）、“哺乳脑”（Suckling brain）和“皮质脑”（Cortical brain）三部分，并分别代表不同的心智状况和需要。

尽管这一理论还需要更多证据支持，但在这个理论体系的指导下，神经科学与心理科学家可以有力地解释很多心理现象，同时按照“三重脑”理论开展神经修复和心理调适工作，取得了理想的效果。在心理治疗和心理咨询工作中，按照这个理论体系的思维我们很容易理解个案，解决一些看似棘手的心理问题。

爬虫脑又称为旧皮质、原始脑、爬行脑或“基础脑”，包括脑干和小脑，是最先出现的脑成分，麦克里恩称其为“R—复合区”。

它由脑干—延髓、脑桥、小脑、中脑以及最古老的基底核——苍白球与嗅球组成。对于爬行动物来说，脑干和小脑对物种行为起着控制作用，出于这个原因，人们把旧皮质称为“爬行动物脑”。

在爬行动物脑操控下，人与蛇、蜥蜴有着相同的行为模式：呆板、偏执、冲动、一成不变、多疑、妄想，如同“在记忆里烙下了祖先们在蛮荒时代的生存印记”。无休止地复制着相同的行为方式，不会从以前的错误中学习教训。

爬虫脑控制着身体的肌肉、平衡与自动机能，诸如呼吸与心跳。大脑的这个部分一直保持着活跃状态，即使在深度睡眠中也不会休息。

科学家推断，爬虫脑大约形成于 5 亿年前。

1952 年麦克里恩第一次创造了“边缘系统”这个词，用来指代大脑中间的部分，这部分同样可以称作旧大脑皮层或中间脑（古哺乳动物脑），与大部分尤其是进化早期的哺乳动物脑相对应。

位于边缘系统的古哺乳动物脑，与情感、直觉、哺育、搏斗、逃避以及性行为紧密相关。如麦克里恩所察，情感系统一向是爱恨分明的，一件事物要么“宜人”要么“不宜”，没有中间状态。在恶劣的环境中，正是依赖这种简单的“趋利避害”原则，生存才得到保证。

当这部分大脑受到弱电流的刺激，多种情绪（恐惧、欢乐、愤怒、愉悦、痛苦等）便会滋生。虽然各类情绪在特定位置存留的时间很短暂，但整个边缘系统却似乎是孕育情绪、注意力以及情感（情绪主导）记忆的主要温床。

从生理上看，边缘系统包括下丘脑、海马体、海马旁回、内嗅区、齿状回、扣带回、乳头体以及杏仁核等。它帮助人类判断事物的基本价值（例如，你对某物是持肯定还是否定态度）和特别之处（例如，什么吸引了你的注意力），还有助于人类感知不确定性因素，进行创造性活动。

边缘系统的功能包括：

调节人体内脏器官的活动；

调节中枢神经系统内的感觉信息；

影响和产生情绪。临床研究表明，损伤边缘系统较为广泛的区域之后，病人极易发怒，情绪反应变得强烈；

引起睡眠活动。临床观察表明，脑外科手术损伤基底前脑区的病人，出现严重的失眠症状；

参与学习和记忆活动。研究表明，海马与学习过程相关。

学习时，各种刺激信息在海马留下暂时的痕迹，经过它的活动，刺激信息进入长时记忆。

科学家推断，哺乳脑大约形成于1.2亿年前。

皮质脑也称新皮层，就是我们所知道的高级脑或理性脑，它几乎将左、右脑半球（由一种进化较新的皮质类型组成，称为新皮质）全部囊括在内，还包括了一些皮层下的神经元组群。

灵长类哺乳动物脑有一些皮质脑结构，但是只有人类的皮质脑系统才非常发达。

正是脑皮质中所具有的高阶认知功能，令人类从动物群体中脱颖而出，麦克里恩将脑皮质称作“发明创造之母，抽象思维之父”。

人类大脑中，新皮质占据了整个脑容量的三分之二，而其他动物种类虽然也有新皮质，但是相对来说很小，少有甚至没有褶皱（意味着新皮质的表面积、复杂度与发达程度）。老鼠失去了脑皮质，仍然可以正常活动（至少从表面上看是如此），而人类一旦失去脑皮质将与植物无异。

脑皮质分为左、右两个半球，就是为人们所熟知的左、右脑。左侧的脑皮质控制着身体的右侧，右侧的脑皮质控制着身体的左侧。并且，右脑更多地决定了人的空间感、抽象思维、音乐感与艺术性，而左脑则更多控制着人的线性逻辑、理性思考与言语能力。

人类的皮质脑要在三岁以后才开始发育，一直到二十岁才能够停止。 它大约形成于200万年前。

从以上描述中我们知道，爬虫脑位于大脑的最里层，是最古老的一层大脑。这个是我们和其他动物共有的大脑结构。无论是地球上最古老的爬行动物，还是直立行走的人类，都拥有爬虫脑。

爬虫脑已经进化了超过 5 亿年。它的主要功能是保证身体的安全。因此，当你感到恐惧时，爬虫脑就会被激活，自动做出战斗、逃跑或装死的反应。

爬虫脑负责管理生命受到威胁和进行自我保护的系统，产生紧张、反感、愤怒、厌恶等情绪，促使生命体远离危险。

虽然爬虫脑的反应比较原始、低级，但由于它是大脑最早的居民，因此它具有最高的优先级，再加上在它诞生之时我们并没有发展出语言系统，因此我们有很多莫名的恐惧。这部分感受也很难被感知、被描述。

举个例子，上课时老师问哪位同学怕蛇？许多同学都举手示意，老师问为什么怕蛇？大多数同学说，没有为什么，就是怕。老师请一名同学到讲台，拿出一条塑料蛇，请同学过来拿一下，同学吓得瑟瑟发抖，连连摇头后退。老师问，你知道他是塑料的吗？同学答，知道。老师说，塑料的假蛇对你没有任何伤害，你同意吗？同学说同意。老师说那你来拿一下吧，边说边走向同学，吓得同学撒腿就跑，教室里其他同学哄堂大笑。这个例子表明，这位同学害怕蛇是来自爬虫脑的反应，他既不知道为什么，也无法用理智的大脑控制紧张的情绪，可见爬虫脑力量之强大。

哺乳脑，包裹在爬行脑的外面，主管着情绪与情感，是哺乳动物共有的特点。情绪脑与情感、情绪、直觉、安全、哺育、搏斗、逃避以及性行为紧密相关，尤其是其中的情感系统更是爱恨分明的，要么喜欢要么厌恶，根本没有缓冲地段或中间状态，因此，也有人将其称之为诚实的大脑。在恶劣的环境中，几乎所有的动物都是依赖这种简单的“趋利避害”原则，生存才得到保证。哺乳脑是专注于追求和实现目标的系统，受多巴胺激素控制，产生欲望、追求、消费等。

哺乳脑也是大脑较早的居民，因此它具有较高的优先级，再加上在它诞生之时我们并没有发展出语言系统，因此我们很容易受情绪和情感的左右，有的时候为什么会不由自主地不爽，自己根本说不清楚也很难控制。

皮质脑是我们规划未来，进行运算的物质基础。人类大脑发育出来独有的皮质层。具有了规划与整理的能力。人类可以制造和使用复杂的工具。可以有发明创造，可以为未来着想。但这也是人类产生心理问题的根源。皮质脑司职人类产生羞耻感、自责和后悔的情绪。这些情绪驱使人类不断提醒自己总结经验教训，时刻注意已经发生过的危险再次降临。不在同一个地方摔倒两次，这是有积极意义的。但同时，也使人们有了焦虑、抑郁和强迫行为等。

人类的语言系统是随着皮质脑的发展而产生的，我们的思维过程是按照语言编码的方式进行的，所以皮质脑的思维和行为我们是可以理解的，这也就是我们的显意识部分。

怎样从大脑发展历程的角度来看待我们的心理问题呢？我们会发现一个人产生情绪问题和困扰，一是因为自我思想自相矛盾，二是自己无法控制大脑的思维活动和管不好自己的行为。按理说我们的大脑，我们应该自主才对呀！这是因为我们的大脑不是一次性设计、建造好的，而是在使用的过程中不断修修补补，逐步进化而来的。三重脑之间存在一定的相互矛盾和配合不好的问题，因此我们才容易产生心理问题和困扰。

第三节
自主神经功能与心理相关的生物学机制

一、自主神经系统的定义

自主神经系统（Autonomic Nervous System），是脊椎动物的末梢神经系统，由躯体神经分化、发展，形成机能上独立的神经系统。单一地或主要地由传出神经组成，受大脑的支配，但有较多的独立性，特别是具有不受意志支配的自主活动。

自主神经系统是外周传出神经系统的一部分，能调节内脏和血管平滑肌、心肌和腺体的活动，又称植物性神经系统、不随意神经系统。由于内脏反射通常是不能随意控制，故名自主神经系统。自主神经系统可分为交感神经（Sympathetic Nerve）及副交感神经（Parasympathetic Nerve）（也称迷走神经）两部分。人们很早就注意到：情绪紧张、疼痛或损伤等情况有特别明显的自主性反应。

哺乳纲动物的自主神经系统包括从胸、腰部脊髓侧柱发出的交感神经和从脑干、骶部脊髓发出的副交感神经。一般内脏器官都由交感与副交感神经的双重支配。

二、自主神经系统的功能

1. 交感神经与副交感神经的拮抗作用

交感、副交感神经对于接受双重神经支配的器官的作用，一般是相互拮抗的。例如交感神经使心搏加速，胃肠运动变慢；副交感神经使心搏变慢，胃肠运动加强。但这种拮抗作用是相辅相成的。此外交感神经兴奋时常伴有肾上腺髓质的分泌，因此称交感肾上腺系统。副交感神经兴奋时常伴有胰岛的分泌，所以又称迷走—胰岛系统。从能量代谢的角度看，交感神经的功能可促进能量消耗，而副交感神经的功能则加强能量储存，这两者也是相辅相成的。因为消耗后更便于储存，而储存正是为了以后的消耗。

2. 紧张性效应

在安静状态下，自主神经纤维经常有低频的传出冲动传到效应器，起着轻微的经常刺激性作用，称紧张性效应。例如切断支配心脏的迷走或交感神经，可分别使心搏加快或减慢，这说明未切断前迷走神经使心搏减慢，交感神经使心搏加速。

3. 交感—肾上腺活动与应急反应

当动物遇到各种紧急情况，如剧烈运动、失血、酷寒时，机体会发生一系列交感—肾上腺系统活动广泛加强的现象叫应急反应（应激反应）。美国生理学家 W.B. 坎农根据这种反应提出了应急学说。这些反应包括：心搏加速、皮肤及内脏血管的广泛收缩、支气管扩张、肝糖原分解加速等，其生理意义在于动员机体各种潜在力量以适应环境的剧变。如果切除动物的交感神经链，则动物应付紧急情况的能力就大为减弱。

4. 化学传递

交感或副交感神经的节前纤维末梢所释放的递质都是乙酰胆碱：全部副交感神经的节后纤维末梢以及支配汗腺等少数器官的交感神经节后纤维末梢的递质也是乙酰胆碱，大部分交感神经节后纤维末梢的递质是去甲肾上腺素。

自主神经系统的中枢从脊髓直到大脑皮层的各个水平都有调节

与控制自主功能的中枢。它们都能影响交感与副交感神经活动。在下丘脑似乎集中着那些专门影响交感活动的神经元。因此下丘脑有时被称为自主神经系统的头（神经）节。由于下丘脑还有重要的控制内分泌活动的功能，所以下丘脑又是内分泌的重要整合中枢。边缘系统包括海马、隔区、扣带回、杏仁核等，是自主神经系统的更高级中枢。但对各级水平的中枢神经元之间的详细组构方式及其作用路径和机制，均有待深入研究。

三、自主神经功能失调

自主神经系统直接或间接调节内脏器官的功能活动，维持机体内外环境的平衡。一旦功能紊乱，即可导致内脏功能活动的失调。自主神经功能失调，症状表现主要是自主神经控制的系统或器官（如心血管、胃肠道、呼吸、泌尿及生殖系统等）的躯体障碍。

自主神经功能紊乱的主要表现：①呼吸系统可出现呼吸深度和频率的变化；②心血管系统可出现阵发性高血压、周期性低血压、窦性心动过速或过缓以及类似心肌梗死的表现；③消化系统可出现胃肠功能及消化液分泌障碍；④泌尿系统可出现尿频、尿急、排尿困难，甚至尿失禁或尿潴留；⑤如症状为发作性，可表现为面部潮红、出汗异常、瞳孔扩大或缩小、心动过速或过缓、流涎、寒战、腹痛等；⑥其他可产生性功能紊乱、睡眠障碍等。

四、自主神经系统与维持人体最佳状态的关系

专家们总是形象地将交感神经系统比喻成汽车的油门系统，将副交感神经系统比喻成刹车系统。汽车要想安全、快捷地行驶在道路上，油门系统和刹车系统必须都要好，而且二者要配合默契。我

们的军人在完成重要的军事任务，运动员要在重大的比赛中取得好成绩，外科医生在进行一场非常复杂的脑科或眼科手术，学生们在面对高考，这些任务都要求人体调动最好的状态，长时间集中注意力而工作。这时，需要保持一种积极、专注、愉快、放松的最佳状态，也就是需要我们的油门和刹车配合自如，交感神经和副交感神经都处于高活跃而相互平衡的状态。现在可以有非常精确的科学仪器，在任务状态下检测自主神经系统的功能状态，也可以通过科学、系统的人机交互训练的方式提高自主神经系统的活性和平衡性。

第四节
神经心理学的发展

神经心理学是一个具有漫长历史的心理学分支。自从 1897 年俄国科学家巴甫洛夫（Van Pavlov）提出了对狗的经典条件反射研究，各国科学家都开展了丰富多彩的心理实验。加拿大心理学家唐纳德·赫布（Donald Olding Hebb）于 1949 年在《行为的组织》（*The Organization of Behavior*）一书中提出让其享誉终身的赫布理论，描述了突触可塑性的基本原理，对学习和记忆提出了生理层面的新理解，引领了生理心理学分支的发展，赫布也为此被誉为“神经心理学与神经网络之父”。

神经心理学（Neuro Psychological）是从神经科学和脑科学的角度来研究心理学的问题。它确定人们的心理活动是大脑生理活动的结果，受高级神经活动的影响，把脑作为心理活动的物质本体，研究脑和心理或脑和行为之间的关系。

近年来随着科技手段的不断发展，脑电波检测（EEG）、头部CT、大脑核磁成像（MRI）、大脑功能核磁成像（fMRI）、大脑磁活动记录（MEG）、功能性近红外光学成像（fNLR）等技术手段层出不穷，加上计算机运行能力的大幅度提高，人工智能和大数据技术的长足进步，以及通信和数据传输技术的大幅度提升，使得神经心理学插上了快速发展的翅膀。神经心理学理论和在临床实践中的宝贵经验，在心理检测和评估技术以及训练和治疗技术领域取得了丰硕的成果，为自为心理成长法的成功推出提供了有力的保障。

第四章 准确评估自己的心理状态

第一节
心理状态的自我觉察

自我觉察是指一个人对自己的身体状态和心理状态，包括自己的情绪、行为、想法、人格特征、人际关系等方面的较为客观的感知和评价的能力。这里我们着重讨论对自己心理状态的自我觉察。

中国是一个强调和注重群体意识的国家，大家都比较习惯于察言观色、揣摩别人的意思，觉察他人的感受，常常会忽略自己的感受。我们在带领机关公务员做系列团体心理咨询时，开始阶段都会要求每个人描述一下此时此刻的内心感受。事实上每次都很少有人能准确表达自己的感受，大多数都在说事实、判断、想法等。让我们惊讶的是，不同的活动场地，不同的群体，情况基本都如此。

因为从小压抑了许多情绪和情感，很少训练自己的感受，因此自我觉察能力变得相对较差。加上心理健康科普知识的缺乏，很多人还分不清心理问题和精神疾病的区别，对心理问题有很强的病耻感。致使很多已经处于焦虑状态或抑郁状态的人士，或者已经有了明显因心理问题而产生的躯体化症状了，都完全不自知或采用鸵鸟遇到危险把头埋在沙子里的做法，暂时逃避不愿意承认。

很多来我们工作室的来访者说，我看了很长时间三甲医院，挂了很多科室的号检查，没发现有器质性问题。医生说我是抑郁了，我非常生气，我觉得我怎么能和这个病症扯上呢！也有的人说，我不舒服很长时间了，医生说是焦虑症，也不知道他说得对不对。这样的例子很多，许多人症状轻的时候不积极调理，采用拖着、忍着的办法，或者发现了问题，也采取了行动，但是力量用错了方向，最后越来越重，不能正常上学、上班了，社会功能严重受损。多受了很多罪不说，重症的患者调理起来要比轻症困难得多。

如何提高自我觉察能力？一是要学习一些必要的心理健康知识，了解心理相关科普常识；二是不断练习体会并表达自己的感受，经常体会理解自己的情绪状态；三是以周围的亲人、同事、朋友等做镜子，帮助了解和反馈自己的状态；四是借助一些科学有效的测评工具帮助觉察自己；五是向专业人士咨询，通过专业人士的方法和经验指导提高情绪觉察能力。

第二节
借助传统心理自评量表

为了帮助来访者提高对自己心理健康水平的评估和觉察能力，可以借助一些传统的心理自评量表。有很多量表已经开发和应用了几十年，在医疗机构和心理服务机构也普遍应用。需要注意的是在选择测评工具时，一定要选择经典的已被验证了信效度的量表。有些网上满天飞的娱乐性质的测试，未经过信效度检验，也没有检测常模数据，需要慎用。在使用量表前，一定要了解清楚量表的适用范围和适用条件，搞清楚该量表是否适合自己。

另外，量表只是一种主观的测评工具，受很多主观因素的影响，其检测结果仅作为参考。

常用的心理自评量表：心理健康自评量表（SCL-90）、焦虑自评量表（SAS）、抑郁自评量表（SDS）、焦虑/抑郁（HAD）情绪测定量表、匹兹堡睡眠质量指数（PSQI）。除此之外，还有许多诸如学习适应性测验（AAT）、父母养育方式评价表（EMBU）、成人心理压力量表、社会适应能力量表、职业能力倾向测试、心理发展状态测验等。这些量表有专门的书籍和资料介绍，这里就不赘述了。

第三节
自主神经功能检测

关于自主神经功能对于心理健康的影响，以及自主神经功能的重要性，在前面的章节已经介绍过了，本节重点介绍如何检测和评估自主神经系统的功能。

一、自主神经功能检测的技术原理

自主神经又称为自律神经或植物神经系统（VNS），是内脏神经纤维中的传出神经。自主神经系统掌握着性命攸关的生理功能：如心脏搏动、呼吸、消化、血压、新陈代谢等。

自主神经系统是一个控制系统，很大程度上是无意识地调节身体机能，如心率、消化、呼吸速率、瞳孔反应、排尿、性冲动等。该系统也控制“应激”及“应急”反应。

交感神经是自主神经的一部分，由中枢部、交感干、神经节、神经和神经丛组成。中枢部位于脊髓胸段全长及腰髓 1—3 节段的灰质侧角。交感干位于脊柱两侧，由交感干神经节和节间支连接而成，可分颈、胸、腰、骶和尾 5 部分。调节心脏及其他内脏器官的活动。

副交感神经也是自主神经的一部分，分为脑部和骶部。刺激副交感神经能引起心搏减慢、消化腺分泌增加、瞳孔缩小、膀胱收缩等反应，主要维持安静时的生理需要。

精神压力是指人们在社会生活、工作学习、人际交往以及面对任务和挑战时所表现出的心理压力。现代人生活节奏快、职场竞争、子女教育、生存发展、医疗、养老带给人们很大的精神压力，人们普遍能够感受到精神压力过载。

常见精神压力大的表现：出现痤疮、皮疹、皮肤瘙痒、头痛、怪梦、口腔疼痛、牙龈出血、肚子痛、拉肚子、过敏、偏爱甜食、性欲减退、女性痛经、掉头发、眼皮跳、后背疼等。

精神压力的主要来源：工作任务重责任大、子女教育、家庭矛盾、睡眠障碍、压抑情绪、追求完美、过度投入、强迫思维、攀比心理、对未来过度担心等。

心率变异性（heart rate variability，HRV）是指逐次心搏期间的微小差异，是判断自主神经功能的理想指标。

心率变异性与个体的焦虑和情绪有相关性（Gary G. Berntson PhD ，2003），心率变异性是反映心理应激的一个较灵敏指标，可用于评价个体的心理应激强度。

由于自主神经系统中的交感神经和副交感神经的共同作用，产生对心脏搏动的影响，交感神经指挥心脏跳快一些，副交感神经则命令心脏跳慢一些，这种被称为相互拮抗的关系时刻在进行着。这种影响随着体内外环境的改变而时刻发生变化。由此带来的心率周期性变化即为心率变异（HRV）。

血氧探头光电传感器，使用时被固定在耳垂的部位，透射耳部血管。当心脏每次跳动时，血管中的血液呈现一个脉冲的方式流经耳部血管。光电传感器采集并记录这种变化，通过采集装置将信号转化为数字信号。计算机采用时域分析和频域分析为主的方法计算这种变化对应的心率变异性以及其他相关的重要指标。

二、自主神经功能检测中如何减小误差

自主神经检测采用光电信号，相对于脑电波信号来说它受到的干扰会小一些。

脉搏血氧饱和度检测一端是 LED 灯，另一端是光电信号接收器。随着心脏的跳动血管内的血液氧含量和血液体积发生变化，从而引起光电检测器输出的信号强度随之周期性变化。将这些周期性变化的信号进行处理，就可测出对应的血氧饱和度，同时也计算出脉率。脉搏血氧饱和度测定必须要有血液搏动。用光束透照外周组织时，检测透照光能的衰减程度与心动周期有关。心脏收缩时，外周血容量最多，光吸收量也最大，检测到的光能最小；心脏舒张时相反。光吸收量的变化反映了血容量的变化。周期性变化的信号通过 AD 转换后传递给电脑，电脑通过时域分析和频域分析进行相应的分析和计算就可以获得自主神经相关的一系列指标。

1. 测量前的准备

自主神经功能检测须在自然、安静、放松的状态下进行。检测前不要做剧烈运动、不要饮酒和喝咖啡等刺激性强的饮品。检测前静坐 3 分钟，熟悉环境，进入状态。

2. 检测时

检测时检测室内不能有太多人，一般最好只有被检测者和操作

者两人在场（也可以由被检测者自助完成检测），其他待检测人员可以在检测室外等待。检测过程要保持安静，被检测人员全程不能说话。

3. 正确佩戴传感器

自主神经功能检测采用耳夹式传感器，检测时将它垂直（连接线向下）夹在耳垂上即可，左侧或右侧耳垂都可以。

4. 判断电脑显示波形是否正常

佩戴好传感器，确认被检测者做好了准备后就可以开始检测。仔细观察获得的波形信号是否正确。正确的波形应该是连续的，如同正弦波一样的连续曲线。波形杂乱或者呈一条直接，则说明传感器没有正确佩戴，需要进行调整。如果没有正常佩戴传感器或者检测时乱动、说话，检测报告里会提示伪信号比例太高，本次检测可信度低。

三、自主神经功能检测结果及技术分析

1. 心能量

心率变异性的形态蕴含着很多信息。根据欧洲生物反馈协会（Biofeedback Foundation of Europe）的相关研究，当心率变异性有规律地起伏涨落，形态接近正弦曲线时，自主神经系统处于相对平衡的状态，这会给人的生理和心理都带来巨大的好处。

当心率变异性接近于正弦曲线，幅度也很大时，这代表着此时心身系统具有良好的弹性水平，心能量状态较高。反之则心能量状态较低。

2. 心能量指数

心能量指数代表了对监测过程中心率变异性形态的整体评估。

心率变异性的调节越出色，心率变异性的整体形态越接近正弦曲线，心能量指数就越高。心能量指数用柱状图来表示，左侧的红色柱状数值为记录中最高的心能量指数值，右侧的蓝色柱状数值则为本次监测的心能量指数值。

心能量指数 0—5 为重度偏离的状态；6—10 为中度偏离的状态；11—20 为轻度偏离的状态，大于 20 为正常值。一般是经过训练或者有特殊经历的人，例如有过丰富人生经历的人、经过心理素质训练的运动员或特种兵等，心能量指数可达到 40 以上。数值越大说明自主神经的功能越好，自主神经功能的承受能力和调节能力越强。

3. 时域指标分析

监测报告中时域数据共有 7 项，包括：

M-HRT：平均心率。单位为 bpm（搏动次数 / 分钟）。

SD-HRT：心率的标准差。间接反映了心率变异性的幅度，实际应用中更多的使用 SDNN。单位为 bpm。

SDNN：全部 NN 间期（全部窦性心律 RR 间期）的标准差。与频域指标中的 TP 一样，直接反映了心率变异性幅度的大小。SDNN 低于正常范围或者处于正常范围但是偏低时，往往代表的是生理和心理弹性处于一个较低的状态。单位为 ms（毫秒）。

rMSSD：全部相邻 NN 间期之差的均方根值。rMSSD 反映了心率变异性中的快变化成分，也就是相当于频谱中的 HF，它对应着迷走神经的活动状态。单位为 ms（毫秒）。

SD：全部相邻 NN 间期之差的均值。SD 与 rMSSD 相同，也反映心率变异性中的快变化成分。单位为 ms（毫秒）。

SDSD：全部相邻 NN 间期之差的标准差。SDSD 与 rMSSD 相同，也反映心率变异性中的快变化成分。单位为 ms（毫秒）。

PNN50：全部 NN 间期中，相邻的 NN 间期之差大于 50ms 的心搏数占全部心搏数的百分比。PNN50 同样考察的是心率变异性中的快变化成分，反映了迷走神经的张力。 PNN50 为百分数。

在监测和训练过程中，重点关注 M-HRT 和 SDNN 两项指标。M-HRV 平均心率，一般静息状态下正常心率在 60—90。平均心率在 60 以下被称为徐脉，平均心率在 90 以上称为心动过速，二者都属于异常心率。检测到异常心律，并经常出现心慌、胸痛、呼吸困难、晕厥症状时，需进行寻医咨询。

SDNN 标准差，检测数值 50 以上为优良；检测数值 25—50 属于正常；检测数值 15—25 需要引起重视经常进行检测并进行调理；检测数值 10 以下，属于功能异常，患病风险增高。

4. 频域指标分析

检测报告中频域数据共有 7 项，包括：

TP：总的频谱能量值。实际上是频谱能量图中 0—0.4Hz 的频谱能量的总和。TP 是非常重要的监测指标，它反映了心率变异性的大小以及自主神经系统的整体活性。如果在监测中发现 TP 值偏低，通常预示着心脏机能水平的下降或心身状态不佳。TP 单位为 ms^2。

VLF：极低频的频谱能量值。指频谱能量图中小于 0.04Hz 的频谱能量的总和。VLF 代表了交感神经系统的活性，压力状态下的紧张情绪会令 VLF 大幅度上升。VLF 单位为 ms^2。

LF：低频的频谱能量值。指频谱能量图中 0.04—0.15Hz 的频谱能量的总和。LF 反映了压力感受器和深呼吸对心率变化的影响，是副交感神经系统和交感神经系统共同作用的区域。当自主神经系统处于平衡状态、心能量高时，频谱能量大部分集中在这个区域。LF 单位为 ms^2。

HF：高频的频谱能量值。指频谱能量图中 0.15—0.4Hz 的频谱能量的总和。HF 代表了副交感神经系统的活性，单位为 ms^2。

LF/HF：低频高频比，即低频和高频的频谱能量比值。在进行了有效的心率变异性调节之后，自主神经系统进入平衡状态，频谱能量集中于 LF，LF/HF 将大幅度上升。

LFnorm：低频归一化值。LF 或 HF 等数值受总频谱能量值 TP 影响很大，直接考察 LF 或 HF 本身很难准确地判断自主神经系统活动的分布比例，将 LF 归一化后，即可消除 TP 大小不同带来的影响。

HFnorm：高频归一化值。其应用与 LFnorm 类似。

正常人自然、安静、放松的状态下，心率频谱曲线在 0—0.4Hz，0.003—0.04Hz 为极低频段（VLF），0.04—0.15Hz 为低频段（LF），0.15—0.4Hz 为高频段（HF），0—0.40Hz 为总功率谱（TP）。

VLF 反映心率变化受热调节（体温），血管舒缩张力和肾血管紧张素系统的影响；LF 反映交感和迷走神经的双重调节；HF 只反映迷走神经的调节；TP 反映 HRV 大小，LF/HF 比值反映自主神经系统的平衡状态，代表交感神经张力的高低。

当 TP 减少时，自主神经的活性降低，也就是自主神经调节功能减弱，对于环境或者身体内变化、刺激等因素的适应能力低下。

当 VLF 减少时，内分泌系统容易紊乱，体温调节能力变弱，机体的供氧容易不足。

当 LF 减少时，说明体内的能力消耗过大，常常会感到疲劳、睡眠不足、倦怠、浑身无力。

当 HF 减少时，对应着慢性的精神压力过大。机体老化，心脏跳动的稳定度减弱，容易出现胃肠功能紊乱，消化不良的障碍。

5. 神经活性的分析

检测报告中有一个标示自主神经状态的坐标图，横坐标从左到右分别代表交感神经活跃区，平衡区和副交感神经活跃区。纵坐标从下到上代表神经的活性逐渐增强。

每次检测，自动生成报告中的坐标上会出现一个表示检测结果的小绿点。绿点过低，意味着自主神经系统的活性下降，神经的调节能力减弱。当身体内部发生变化，或外界遇到应激事件时，调节能力和适应环境变化的能力下降了。

绿点在交感活跃区（左边），代表被检测者处于交感神经活跃为主的状态。表现为面对压力或在工作与学习时过度紧张和兴奋，精力旺盛，兴趣广泛。但很快就会疲劳，兴趣下降、效率降低。严重时多表现焦虑型人格特征。

绿点在副交感活跃区（右边），代表被检测者处于副交感神经活跃为主的状态。表现为面对压力或在工作与学习时，总是紧张不起来，遇到困难总是想逃避，甚至情绪低落，信心不足，容易退缩，精力不够充沛。严重时多表现抑郁型人格特征。

绿点在平衡区（中部），代表被检测者处于交感神经和副交感神经平衡为主的状态。表现为自信、愉悦、专注、放松的状态，可以长时间集中注意力而不疲劳，不易伤害到身体 。

在面对压力和挑战时，例如竞技体育比赛、重要考试时，我们只有调整到这种最佳的状态，才能发挥出最佳的水平。在日常生活中，我们经常保持自主神经的平衡状态就可以使自己心态平和、身体协调，激素水平分泌正常、肌体免疫力保持最佳。因此，这是我们应该调节和保持的状态，也是我们进行自主神经训练的重要目标之一。

第四节
大脑功能检测

一、脑电波检测技术的发展历程

1875年英国人克顿首先在兔子以及猴子的大脑皮质层测到直流电压信号。

1924年德国的精神科医生翰思贝鲁加（Hence Berger）发现人脑也产生一种电信号。翰思贝鲁加首次发表脑电波图并命名为EEG，该理论成为神经诊断学的基础，因而发表了《人类脑电图》证明脑波的存在。

1932年，Dietch首次发表了EEG分析的文章。此后，该领域相继引入了时域分析、频域分析等脑电图分析、神经网络分析、混沌分析等，运用于脑电分析，它们代表了脑电信号现代分析方法新发展。

1933年英国的尔多里安等人进一步证实并确认了脑电信号。从而形成了脑电图理论。

1936年格拉斯（Grass）公司推出了人类有史以来第一台脑电图机。

之后随着电子工业的不断发展与进步，脑电图机也延续了其发展历程。分别经历了从20世纪50—60年代的第一代真空管脑电图机，60—70年代末的第二代晶体管脑电图机，80—90年代的第三代电子管脑电图机，以及90年代中期直到现在普遍采用的第四代数字化脑电图机。

通过脑电图机采集和记录的脑电波信号，需要进行分析和处理，自 1932 年 Dietch 首先采用傅里叶变换进行脑电分析之后，随着波形处理技术和计算机技术的不断发展，相继引入了时域分析、频域分析、时频分析、小波变换、神经网络分析和非线性动力学等新方法。

本书介绍的脑电波检测技术就是采用第四代脑电图机进行信号采集，采用以小波变换和时频分析为主的分析技术，同时综合其他分析技术取得的成果。

二、脑电波检测的技术原理

本书介绍的脑电波检测系统，是采用干式电极，采集额叶脑电，以认知功能检测为主的系统。系统采集的双导额叶脑电，通过放大、滤波、AD 转化等处理，传输到电脑分析系统。脑电采集电压 0—100μV，脑电波分辨率 2μV，脑电采集频率 200Hz，分析窗口 1.25 秒，算数叠加系数 6，输入阻抗 10MΩ，频带 0.5—100Hz。

计算机自动处理系统对采集到的脑电波进行分析处理，处理方法采用了小波变换、时域分析、频域分析、频谱分析、时频分析、波形识别、自相关、互相关、微积分、神经网络分析、非线性动力分析等算法和分析方法。

在已有脑波分析处理技术的基础上，一方面创造实验条件，分析和比对同一个被试和不同被试在特定场景和实验条件下的脑波变化并从中找出共性的特征值。例如，组织被试人员 12 小时、24 小时不睡，分析其脑电波的变化。分析被试人员在平静状态，观看喜剧电影、恐怖电影时的脑波变化等。另一方面，收集整理脑电波麻醉监测和脑电波睡眠检测获得的数据，分析被试人员从清醒到被麻醉或入睡，再到醒来的脑波变化。或者被试人员从清醒到困倦、到入睡、到不同睡眠周期，再到清醒时的一系列脑波变化。大数据的研究和分析获得定量指标：BH11 脑工作负荷指数，BH12 脑疲劳指数，BH15 睡眠质量指数，BH22 脑活性指数，BH24 紧张度指数，BH52 脑放松能力指数，BH66 无意记忆指数等。

将这些研究成果用于临床应用，采集 6 万多例脑电波数据，一方面优化了算法；另一方面建立起了不同个体或者同一个个体在不同时间检测数据的检测常模。

检测获得被试人员一组检测参数，如果没有常模的支持，我们不知道这组单纯的数值是好是坏、是高是低。这样的数据实际上没有什么实用价值。要想让这组数据有意义，我就要知道多少范围内的数值是正常范围；多少数值范围是轻度偏离正常值，只需要引起注意自我调整就好；多少范围内的数值中度偏离正常值，必须进行有效的干预，否则会出现严重的后果；多少范围内的数值是严重偏离正常值的，处于病理的状态。

在 6 万多例的数据分析中，我们发现，人群脑功能和状态指标的分布呈正态分布。通过大数据分析和临床检测、治疗案例的分析，我们确定了以上所述的正常、轻度偏离、中度偏离、重度偏离的数值，在应用过程中，随着数据量的不断增加，常模的数值不断修正。

三、大脑检测中如何减小误差

大脑在思维活动时会发出脑电波，然而脑电波是非常微弱的，通常的脑电波信号只有十几到一百微伏，也就是相当于一节干电池的万分之一的电压大小。这么微弱的电信号非常容易受到各种因素的干扰，必须按照严格的操作规范操作才能够保证测量的准确。

传统的脑电图机为了避免受到环境中的辐射和电磁干扰，是在一个完全静电屏蔽的房间里安装的。为了减少皮肤电阻对脑电信号采集的阻碍，要在电极与皮肤接触的部位加导电膏。这种操作固然使采集信号准确、稳定，但是大大限制了设备的使用场景。这样的装置只能在实验室或者条件很好的科研机构、医疗机构设置，应用起来很不方便。

为了突破这一限制，科学家们做了大量的努力，首先要使脑电采集装置能够过滤掉伪信号，从杂乱繁多的电磁信号中准确提取出脑电波。同时，还要使用适合在生活环境就可以使用的干电极，避免使用导电膏的烦琐。这就需要开发一种功能强大的脑电采集系统。经过多年的科研和优化，现在的脑电采集系统已经可以在普通环境条件下方便采集信号了。但是依然需要注意检测的规范操作。

那么怎样保证脑电波检测的准确性呢?

1. 测量前的准备

检测状态是以自然、安静、放松的状态为统一的测量标准的。大家知道即使在这样的状态下，我们的大脑还是会不断思考加工的，同时一些平时被压抑的想法和情绪反而会涌现出来。这就要求我们在检测前不要做剧烈运动，不要饮酒和喝咖啡等刺激性强的饮品。检测前需要静坐 3 分钟，熟悉环境，进入状态。

2. 设备的准备

脑电检测设备通常采用民用 220 伏交流电供电，电源的质量对脑电波信号的影响非常大，所以一定确保设备连接的电源或插线板接地良好，接地电阻小于 10 欧姆。实际工作中我们可以看到，有很多质量不合格的场所，电源供电只有火线和零线，没有地线。这样除了有安全隐患外，普通用电看似不受影响，且并不知道电源缺少地线，但可以通过电源质量检测装置，检测出电源是否有接地线。遇到电源缺少地线的情况，需要和供电部门或者物业、电工进行联系，完善地线系统。

确保周边无辐射设备，如上所述，脑电波信号非常微弱，很容易受到磁场等的干扰，所以应确保测试场地周围没有大型的辐射设备。例如：X 光机、核磁共振、CT 机等。

3. 检测时

检测时检测室内不能有太多人，一般最好只有被检测者和操作者两人在场（或者由被检测者自助完成检测），其余待检测人员可以在检测室外等待。检测过程要保持安静，被检测人员全程不能说话。按照检测仪语音提示完成自然状态——闭眼放松——观看钟摆——回到自然状态的检测过程。

4. 正确佩戴传感器

在佩戴传感器时需要把贴近传感器电极片的皮肤（额头和耳垂）用湿纸巾、酒精棉球或生理盐水棉球把额头和耳垂的皮肤擦拭干净，并保持皮肤的湿润，使得信号提取效果更好。传感器电极片也要清洁擦拭（贴近额头和耳垂部位的都要擦拭）。需要注意的是：有的女性涂抹了粉底等化妆品，需要用点力气擦拭干净，保持检测部位的清洁。

佩戴时，传感器与脑电采集器的连接线确保位于被检测者的右侧，确保传感器电极片贴紧皮肤，确保传感器中间的电极片位于额头中间发际线和眉毛之间，耳夹电极既可以夹在耳垂也可以夹在耳郭部位。

5. 判断脑电波形是否正常

佩戴好传感器，确认被检测者做好了准备后就可以开始检测了。

点击开始检测按键后，仔细观察获得的脑电波信号是否正确。正确的脑电波形应该是连续的，如同用铅笔画出的细线。波形很粗，或者连成一片，或波形显示为一条直线等，说明脑电采集有问题，需要进行调整。出现了波形的不正常情况，就需要先停止检测，排查产生问题的原因，直到获得正确的检测波形再开始检测。如果佩戴传感器有问题，智能检测系统可以自动识别，并以文字的形式在检测屏幕上提示。

四、关于 90 脑波检测系统

本书介绍的大脑功能检测参数和报告解读部分，是以目前应用比较成熟、技术水平和研究成果在国内外处于领先地位的 90 脑波仪为例进行讲解的。

90 脑波检测系统在脑科学与神经心理学的基础上，采用客观电生理指标——脑电波进行检测，能够检测出大脑的健康状态和能力水平，信度效度高。同时可以重复应用的客观检测方法。为优化干预方案和干预效果的评价提供了科学的支持。

相比其他检测手段，90 脑波心脑检测参数具有以下优点：

快捷：操作过程只需 6—8 分钟，即时获得 12 项参数的检测报告；

方便：额叶脑电传感器，检测过程自动语音提示；

便携：便携式设计，移动方便；

客观：以小波变换为主的技术分析处理脑电波数据，结果客观而精确，避免了主观干扰；

专业：评估信效度高；

无创：非侵入性检测，无创无辐射，孕妇亦可使用。

五、脑功能检测参数及意义

1. 大脑负荷

（1）检测意义

描述大脑近期或当前承担工作、生活、学习等任务，造成大脑承受的思考加工量的指标。也就是指大脑想的事多不多，操不操心。这里的思考包括两部分，一部分是指为了完成某项需要动脑子的事情而有意识、主动地思考；另一部分也包括总是不由自主、漫无目的、无意识地胡思乱想。

（2）参数的价值

评估大脑是否承担了过多的思考加工，引起大脑耗能耗氧量升高，使得四肢和毛细血管缺少氧气和养料，伤害身体与大脑。

有的人经常处于情绪化、无意义的思考当中，造成大脑负荷升高，但这样的思考不容易被察觉到，所以有时候会出现测量结果（可能偏高）与测试者主观感受不同，这时检测的价值就很好地体现出来，可以帮助被测试者意识到自己的思维模式：情绪化、无意义的思考较多，但是以前并未觉察，通过测试，更准确地了解自己。

（3）检测原理

该参数是通过检测脑电波的总功率，计算出大脑消耗总能量（氧气和养料）的多少，从而得出大脑的思考加工量，检测数据圆整到 0—100。

（4）检测参数的标准

太低（0—20）：这时候需要注意，表明被检测者并不主动思考问题，用脑很少，不积极工作和学习，可能处于一种屏蔽外界刺激、自我封闭的状态。

正常（21—35）：表示被试者的大脑思考加工的量不大，大脑处于比较轻松的状态，用脑状态良好，或是当前处于比较悠闲的状态。

轻度偏离（36—54）：显示大脑处于思考加工量轻度偏高的状态，但也表示积极用脑的状态。

中度偏高（55—74）：大脑的思考加工偏多，表示有思想负担，工作压力或者有心事。

严重偏高（75—100）：表示大脑的思考加工非常多，可能有很多事情、问题需要动脑思考或者大脑情绪化、无意义的思考加工很多。

（5）参数严重偏高的危害

大脑负荷越高，代表脑内耗能、脑血流灌注越多，其他低级中枢、身体器官所得的养分减少，增加了身体患病的概率。

（6）相关研究

北京天坛医院的研究发现，昏迷不醒的骨折患者，身体痊愈得快；而大脑清醒的，身体痊愈得慢。仪器检测发现，清醒病人大脑血流灌注更充分，四肢的毛细血管供血不足。于是推测，可能是因为大脑思维越活跃，耗能耗氧量太多，使得其他身体器官所得的养分减少，因此当大脑负荷持续过高时，不利于骨折的愈合。

（7）举例说明

王莉女士（化名），职业为医生，被诊断为重度抑郁症，突出表现是思维迟缓、运动缓慢，已经不能工作。90 脑波测试，大脑负荷检测值 11，大脑处于几乎不工作的状态。

马卫国男士（化名），网络直播工作，经常被客人恶语攻击。几次惊恐发作，有濒死感。医学检查未发现有器质性问题。被诊断为焦虑症。90 脑波测试，大脑负荷检测值 98，大脑处于高度运转，不能停止思考的状态。

2. 紧张兴奋

（1）检测意义

表示被测试者当前大脑亢奋的程度或紧张度的高低，用来评估被测试者当前承受的精神压力的大小和心理紧张程度的高低，多对应着焦虑水平的高低。

（2）检测原理

提取脑电波中表示紧张的特征波，分析计算得出数值。在麻醉病人的脑电波数据中最早提取出这一参数指标，因在所有的麻醉病人被推进手术室的时刻出现了同一个脑电特征波形，后经大量数据分析研究发现这与手术前患者的担心、警觉密切相关，研究整理出来紧张兴奋指数，检测数据圆整到 0—100。

（3）参考值与偏离值

正常（0—15）：紧张兴奋程度比较低，处于较自然状态。

轻度偏离（16—30）：有轻微的压力，有一定的问题需要思考解决，同时对外部事件的关注稍多。

中度偏离（31—45）：精神压力较大，对现实生活中某些问题，过分担心或烦恼，同时对外部事件的关注较多。

重度偏离（46—100）：严重的紧张兴奋状态，可伴随交感神经功能亢进症状，如心慌、出汗、颤抖等，考虑有一定的焦虑过度。

（4）参数偏离的表现

适度的紧张兴奋可以提升我们的工作和学习效率，但紧张兴奋过度（重度偏离）会使人的工作、学习效率降低，同时伴有躯体方面的不舒服体验。表现为：

a. 紧张的同时往往会伴有自主神经功能亢进的表现，像心慌、气短、口干、出汗、颤抖、面色潮红等，严重时还会有濒死感和失控感。

b. 自我感觉处于一种紧张不安、提心吊胆、恐惧、害怕、忧虑的内心体验中。

c. 神经运动性不安：坐立不安、心神不定、搓手顿足、踱来走去、小动作增多、注意力无法集中，自己也不知道为什么如此惶恐不安。

（5）参数偏离的危害

a. 严重的紧张会抑制逻辑思维，导致理智思考能力和效率下降。

b. 严重的紧张兴奋会引起工作、学习效率的降低。

c. 长期焦虑会增加癌症的发病率。据现代医学科学发现，人的焦虑情绪会直接影响身体的抵抗力和免疫力，当人体抵抗力和免疫力很低的时候，癌细胞就会乘虚而入。研究发现，如果一旦生活或者事业受挫，整天处在情绪低落、焦虑不安之中，罹患癌症的风险大大增加。

d. 长期焦虑会导致失眠。

e. 长期焦虑增加心脏的负担，增加死亡率。统计资料表明，长期焦虑的人中有大约 25% 患上了心脏病。并且死亡率比正常人高出 23%。

（6）参数偏离的原因

a. 工作环境和生活环境造成，经常长期处于危险和挑战之中。

b. 遭遇一些重大生活事件时，如亲人离去、突发灾难、朋友背叛、家庭纠纷等等。

c. 遗传因素。

d. 个性过于追求完美。

e. 紧张兴奋的易感人群。

f. 工作压力大的白领或中高层管理者、中高考学生、孕妈妈与产妈妈、创业期人士、承担重大社会责任的人士等等。

3. 情绪压力

（1）检测意义

表示生活状态或压力事件等带给被测试者情绪反应的程度。情绪压力升高有两种情况：一是当前有棘手的事情需要处理、解决；二是近期确实有心情容易低落、提不起兴趣的表现，这时候的情绪压力表现和抑郁情绪类似。二者如何区分需要与被测试者访谈。

（2）检测原理

情绪压力是由多个脑波特征指数复合而成的检测指标。分析和计算大脑与情绪相关的脑电波特征指数，通过加权计算的方法统计分析出检测结果，检测数据圆整到 0—100。

（3）参考值与偏离值

正常（0—15）：情绪压力适中。

轻度偏离（16—30）：轻度的情绪压力，可能有轻度困扰的事情需要处理和解决。

中度偏离（31—40）：中度的情绪压力，有棘手、急迫的事情需要处理、解决或出现情绪低落的情况。

重度偏离（41—100）：重度的情绪压力，有棘手、急迫的事情需要思考、解决或者出现情绪低落，兴奋不起来，对事情提不起兴趣的情况。抑郁症患者的情绪压力一般为重度偏离（未服用药物的前提下），但情绪压力重度偏离不一定是抑郁症，要看持续了多长时间，有没有对生活、工作产生影响。

（4）参数偏离的表现

较严重的情绪压力表现为心情容易低落、提不起兴趣、总有委屈想哭的感觉、出现社交退缩、有的会有轻生的念头。

（5）参数偏离的危害

情绪压力过大会抑制逻辑思维，情绪压力下会影响理性思考，影响工作和学习。

长时间较重的情绪压力如不及时调整容易导致抑郁状态，持续长时间处于抑郁状态得不到改善，容易诱发抑郁症。

较重的情绪压力往往伴随睡眠障碍，出现入睡困难、早醒、睡眠效率低下、睡眠节律紊乱等情况。

长时间的情绪压力可以导致思维消极、悲观、自责和自卑，感到做任何事情都困难重重，对前途悲观绝望。

（6）易感人群

a. 贫困人群：比如下岗人员、农村留守人员、低收入和低保人员。研究证明，贫困是抑郁的一大诱因。

b. 艺术创作类人群：从事艺术创作类工作的人性格往往较敏感，工作、生活往往也不规律，如诗人、音乐家、画家、演员等，情绪压力指数比一般大众要高。也有研究表明，艺术类工作的人更多使用右脑加工，情绪加工区也在右脑，因此这些人对于情绪的感知力更强，更容易多愁善感。

c. 从事要求严谨、琐碎细致、高压高危工作的人更易感。如教师、警察、医生等。

d. 长期患有某种身体疾病的慢性病患者，很容易感染情绪压力。

e. 孕妇或初为人母的女性为易感者。一部分女性因为心理上没有做好当妈妈的准备；有些女性则在孕期出现神经、内分泌系统紊乱，在这些情况下容易患上产前或产后抑郁症。

f. 抑郁质人格：抑郁质的个性一般表现为观察细致、非常敏感、多愁善感、优柔寡断，具有明显的内倾性，容易感染情绪压力。

g. 遭遇较大生活变故的人士。如离婚、失恋、下岗、重要事情的失败；诸如结婚、生子、乔迁等喜事也会带来情绪压力。

（7）参数偏离的原因

a. 近期有棘手、紧迫的事情需要思考、处理和解决。如在进行一个重要、重大的项目，临近考试，家里有人生病等。

b. 遭遇较大生活事件，如离婚、失恋、下岗、重要事情的失败等。

c. 有抑郁情绪，表现为心情容易低落、提不起兴趣、易激惹、委屈、退缩等。如果抑郁情绪持续超过两周，则为抑郁状态。

4. 敏感程度

表示指向自己内部的注意力或者外部事件在自己内心的加工程度，指对自己的身体状态、情绪、情感等的关注程度，也只对外部事物、他人表情、看法的敏感程度。检测数值圆整到 0—100。

正常（16—35）：对自身情绪、情感和身体体验或对外部事物的敏感感受适中。

轻度偏离（0—15）：表明心态较好；对情感、事物的细节自察、自省不够充分，相对粗心。不太在意他人的言行、表情等，比较粗线条、心大。

中度偏离（36—45）：向内的注意力较高，内心敏感，容易产生较多心事和较多思虑。

重度偏离（46—100）：代表向内的注意力太高，表现为凝神内部的思考任务较多，思考自身感兴趣或担心的事；易过分敏感，情绪加工频繁，心事较重。

敏感程度太高，是产生情绪和睡眠问题的根源之一。敏感程度过低，对于从事需要特别专心、仔细的工作不利。两种情况都需要经过长期的大脑训练加以改变。

5. 困倦指数

（1）检测意义

描述被测试者当前困倦的程度，是对睡眠时长和效率的综合反映，是评价被测试者当前大脑的功能与状态是否受到睡眠不足影响的评价指标。

（2）检测原理

大量脑电波数据分析和定向实验表明，长时间被剥夺睡眠人群的脑电波会出现一种特殊的波形形态，这种特征波随着失眠时长的增加和困倦程度的增加而出现的更加频繁。一旦被测试者经过充足的睡眠调整，这种特征的波形就会大幅度减少。这种代表困倦的特征波经过统计分析得出数值，检测数值经圆整到 0—100。

（3）参考值与偏离值

正常（0—15）：没有困倦的感觉，表示现有的睡眠能够满足第二天的工作和学习。

轻度偏离（16—30）：显示睡眠质量数轻微下降，有轻微的困倦感觉。

中度偏离（31—45）：显示睡眠质量中度下降，有较明显的困倦感觉，有一定程度对大脑思考加工造成影响。

重度偏离（46—100）：显示睡眠质量严重降低，困倦感觉非常明显。说明存在失眠或睡眠质量不高的问题，睡眠不好已经对大脑思考加工造成影响。

（4）困倦指数过大的表现

困倦指数高表明睡眠质量差，被测试者在接受检测时感觉很困乏。通常是因为睡眠时间不足（正常成年人所需睡眠时间为6—8小时，每个人所需要的睡眠时间不同，一般来说，睡眠质量越高，所需的睡眠时间越少；睡眠质量越低，所需的睡眠时间越多），入睡困难，深度睡眠不够，多梦、易醒、早醒等引起。

（5）失眠的原因

环境因素：居住环境嘈杂、住房拥挤、卧具不舒适、空气污染或者突然改变睡眠的环境，噪声、强光的刺激，气温的过冷或者过热，以及蚊虫的侵扰都会影响睡眠质量。

行为因素：不良的生活习惯，如睡前饮茶、饮咖啡、吸烟等；经常日夜倒班工作，以及长期夜间作业，流动性工作、出差等；生活无规律，入睡无定时，过度娱乐，以及跨时区的时差反应等，均可以引起体内生物钟节奏的变化而出现失眠；饮食过饥过饱、疲劳兴奋等，也可引起失眠。

疾病因素：任何躯体的不适如身体疼痛均可导致失眠；失眠与很多疾病有关，或者说有不少疾病会引起失眠。失眠往往是一种表象，其背后常常隐藏着其他疾病。如神经症、精神分裂症、绝经期综合征、甲状腺功能亢进、肺源性心脏病、过敏性疾病、中枢神经系统疾病、高血压病、膀胱炎、女性生殖系统疾病、冠心病、营养不良、糖尿病等。

心理精神因素：心理精神因素是引起睡眠质量下降的重要原因，有60%—70%的失眠是由于心理因素导致的。生活和工作中的各种不愉快事件导致焦虑、忧愁、过度兴奋、愤怒；持续的精神创伤导致的悲伤、恐惧等，均可引起失眠或者加重失眠。多数失眠者因为工作压力大，过于疲惫和思虑过多而阻碍良好的睡眠。患者因过分关注自身失眠问题而不能保证正常的睡眠。有时即使睡着了也是多梦、易醒，出现恶性循环。

药物和嗜酒因素：药物是引起失眠的另一祸首，有些失眠纯粹是由药物引起的，即药源性失眠。能引起失眠的药物常见的有平喘药、安定药、利尿药、强心药、降压药、对胃有刺激的药，以及中枢兴奋药等。另外，长期服用安眠药，一旦戒断会有戒断症状。偶尔饮酒可能有帮助睡眠的作用，但若长期饮酒，就像吃安眠药一样上瘾，久而久之将影响正常睡眠。

（6）睡眠质量下降的危害

a. 诱发和加重焦虑、抑郁等心理疾病。严重时会导致精神分裂和抑郁症、焦虑症、自主神经功能紊乱等疾病。

b. 导致其他疾病、猝死。长期睡眠不足会导致各种疾病发生，如神经衰弱、感冒、胃肠疾病、心梗、脑梗、中风、高血压、糖尿病等疾病，甚至猝死。

c. 加速衰老。长期的失眠会导致人体正常的内分泌系统发生失调，生物钟发生紊乱。女性朋友表现为皮肤失去光泽和弹性，出现加速衰老的现象。

d. 免疫力下降。失眠会让患者的身体免疫力下降，对各种病毒和细菌的抵抗力减弱。

e. 影响儿童大脑和身体的发育与健康成长。

f. 记忆力减退。长期睡眠不足，导致精神恍惚、反应迟钝、记忆力减退。

g. 影响心理活动。如工作或学习效率下降、记忆力减退、判断力下降。

（7）失眠的易感人群

社会责任大的人士、中老年人、更年期妇女、孕期和哺乳期女性、值夜班工作者、面临中高考的学生、疼痛障碍患者、精神压力大的脑力劳动者、长期出差的商务人士等为失眠的易感人群。

6. 大脑活力

（1）检测意义

描述大脑在接收信息，进行分析、判断、思考、加工时来回切换的速度与频率，即大脑灵敏度。表示大脑有没有老化或大脑发育成熟的程度。对儿童来讲，可以评定大脑的发育成熟度；对成年人而言，是评定是否有大脑老化现象的主要指标。

（2）检测原理

选取大量被医院确诊的阿尔兹海默病（老年痴呆）患者，提取其脑电波，通过小波变换为主的分析方式提取脑电波中表示大脑活力的特征波，统计分析计算得出数值，该指数是一个多参数加权计算的复合指标，统计结果圆整到 0—100。

（3）参考值与偏离值

正常（40—100）：对于成年人，表示大脑活力正常，大脑没有老化，大脑反应速度正常；对于儿童来说，表示大脑发育成熟。

轻度偏离（31—40）：表示大脑活力轻度下降。

中度偏离（21—30）：表示大脑活力中度下降。

重度偏离（0—20）：表示大脑呈老化迹象，出现思维敏捷度下降、反应力迟钝等现象。对于儿童来说，表示大脑发育还没有成熟。

（4）大脑活力下降的表现

思维敏捷度下降、反应力迟钝，严重的大脑活力下降（0—20）

需要排查老年痴呆的可能性。

（5）大脑活力下降的原因

a. 长期的脑疲劳、睡眠质量差、情绪压力大引起的暂时性大脑活力下降；

b. 长期精神压力带来的大脑伤害；

c. 遗传因素。

（6）举例说明

广东省某女大学生，以特长生的身份招入北京大学，进入学校后每门课程都跟不上，甚至不敢去上课、考试，后来转专业后仍旧跟不上学习，脑波测试的结果大脑活力为 15。

某协会的一位项目部主任，女士，48 岁。工作非常繁忙，千头万绪，生活作息不规律，长时间睡眠不好。主诉最近越来越记不住事情，和别人交流老是理解困难。脑波测试大脑活力为 32。一周后再次测试大脑活力为 35。提示其必须引起重视，马上给予干预。

7. 大脑疲劳

（1）检测意义

描述被测试者当前大脑是否处于疲劳状态，大脑的疲劳与身体疲劳状态不同，大脑的疲劳与大脑的困倦也不同。表示因长时间工作及压力等引起反应变慢、效率降低的程度。

（2）检测原理

选取大量被试者，在连续用脑使其疲劳的情况下，提取脑电波，通过小波变换为主的方式提取出与脑疲劳相关的特征波，统计分析计算得出数值，检测数据圆整到 0—100。

（3）参考值与偏离值

正常（0—20）：表示大脑不疲劳。

轻度偏离（21—30）：大脑有些疲劳，有一点用脑过度。

中度偏离（31—40）：大脑比较疲劳。

重度偏离（41—100）：大脑非常疲劳，用脑效率下降，大脑长时间处于疲劳的状态会损伤大脑。

（4）大脑疲劳的表现

大脑疲劳的主要表现为头脑昏沉，注意力不易集中，深度思考困难，自控力下降、记忆力下降、容易烦躁、发脾气等，健忘，欲望、动机降低，工作绩效下降且易出差错等。

（5）脑疲劳的危害

a. 长期疲劳蓄积会造成用脑效率下降、工作效率降低等，引起焦虑、厌倦、注意力不能集中、思维迟钝、情绪低落，也会损伤大脑，引起心身疾病的发生和发展。

b. 大量数据表明，大脑疲劳会降低唤醒度，会损伤认知功能，造成情绪变化。

c. 导致安全事故的发生。生活中有一些特殊的劳动，如驾驶飞机、汽车，监控仪表等，诸如此类需要精确操作的活动，对人的反应速度、预测能力、注意力有特殊要求，在大脑疲劳状态下人的预测能力和控制能力下降，进行相应活动容易造成操作事故，导致安全事故的发生。

d. 导致决策力的下降：在金融、政治等领域，有的学者已经注意到，过度疲劳与缺乏睡眠是造成决策失误、酿成重大错误的主要原因。

（6）大脑疲劳的原因和影响因素

a. 持续工作的时间过长。研究表明每天工作 12 小时每星期共 4 天，比每天工作 8 小时每星期共 6 天更易造成疲劳。

b. 睡眠是否充足。大脑清除代谢垃圾是在睡眠中进行的，成年人的睡眠时间一般在 6—8 小时为宜。长期的睡眠不足可能会使大脑积累疲劳。

c. 24 小时生物节律。生物节律对大脑疲劳的影响至关重要。因此，经常出差倒时差、值夜班人群更容易产生大脑过度疲劳。

d. 放松大脑的能力差，没有养成及时放松休息的习惯。好比我们长时间举着一个不太重的物体，依然会感觉手臂疲劳一样，大脑不会放松，即使用脑强度不是很大也会使疲劳累积起来。

e. 大脑时刻在进行思考加工，没有放松的机会。

（7）大脑疲劳度的易感人群

工作忙碌的脑力劳动者、中高考学生、思虑过多者、长期大脑负荷过高者。

8. 专注程度

专注程度就是我们通常讲的注意力，是指人的心理活动指向和集中于某种事物的能力。通常表示对外部事物的看或听的专注、聚焦的程度。注意有两个基本特征，一个是指向性，是指心理活动有选择地反映一些现象而离开其余对象。二是集中性，是指心理活动停留在被选择对象上的强度或紧张。本参数主要检测注意力的集中性，也就是注意力的强度。检测数据圆整到 0—100。

正常（6—15）：表示注意力的品质好，对宏观和细节等能做到平均专注力，注意力强度适中。

轻度偏离（0—5）：表明与外部信息关注和留意较少，对细节把握不够，注意力不够集中，应激反应稍弱，对外界事件有回避、无视倾向。

中度偏离（16—25）：对外部事件的关注较多，处于比较警觉和应激状态，容易引起紧张。

重度偏离（26—100）：表明对外部事件的关注过多，注意力太强，同时也表示处于应激和过度警觉状态，比较紧张，对外部事件敏感。长时间注意力过分集中，容易引起大脑疲劳，疲劳后的大脑处于自我保护机制很难再集中了，因此重度偏离的人注意力保持的时长不足。

9. 放松程度

（1）检测参数意义

表示被测试者主动降低大脑思考加工强度，使大脑休息的能力。放松能力反映人的思维弹性，思维弹性好表示大脑能够做到该放松时放松，该紧张时紧张，张弛有度。

现代人处于一种信息过载的时代，每天被各种信息狂轰滥炸，每天起床后的第一件事就是看手机，睡觉前的最后一件事也是看手机，手机里各种 App 吸引着我们，用各种套路刺激大脑神经分泌多巴胺，诱导我们上瘾，让我们的大脑长时间处于一种高负荷的状态。科学研究表明大脑经过辛苦劳累后，会产生各种“废物”，除了严重影响大脑的正常运转，也许会诱发阿兹海默症和其他重大神经疾病。大脑消耗能量会产生一些酸性物质，它们会让人出现大脑疲劳、烦躁、易怒、出错以及记忆困难等症状。而当放松休息时，大脑内的类淋巴系统可以通过一系列的清理和溶解，辨认并处理掉大脑里的“废物”。

美国哈佛医学院和马萨诸塞州州立大学的学者研究发现，当人们放松时，大脑中的阿尔法波会更强，可以抑制大脑信息过载，让人注意力更集中，并能够缓解焦虑不安的情绪，减轻压力。

当放松大脑时，平时活跃的脑细胞和脑回路受到了限制，相反平时不活跃的脑细胞被激活，大脑神经之间出现新的连接，激活新的神经回路。因此可以随机出现一些意料之外的念头，产生灵光一现、顿悟的念头。可能会出现一些奇思妙想，突然解决一些困扰很久的难题。很多思想家、艺术家都喜欢放松大脑、发发呆，放松是灵感和创造力的源泉。

（2）检测原理

大脑放松时脑电波呈谐振状态。提取脑电波中表示放松能力的特征波，分析计算得出数值，检测数据圆整到 0—100。

（3）参考值与偏离值

正常（40—100）：表示有较好的放松大脑的能力。

轻度偏离（31—40）：代表大脑主动降低思考加工强度的能力强，大脑放松时脑血流下降，达到一种类睡眠状态，能够让大脑高效地休息。

中度偏离（21—30）：代表大脑主动降低思考加工强度的能力下降。

重度偏离（0—20）：代表大脑主动降低思考加工强度的能力很差，不思考事情时头脑中依然有很多思绪无法主动放松大脑。

（4）偏离危害，容易造成大脑疲劳

大脑不放松，造成大脑疲劳，其危害见 68 页，脑疲劳的危害。

（5）举例说明

某初中少年，家长反映其上课时不能集中注意力，导致学习成绩下降，怀疑其有多动症。少年自述确实有时候不能集中注意力，但有时又觉得自己很努力地在听老师讲的每一个字、每一句话。经测试，该少年的注意力水平很高（检测参数 32，重度偏离），而大脑放松能力比较差（检测参数 11，重度偏离），这导致该少年不能在需要放松的时候迅速放松下来。较长时间的注意力过于集中，不会放松会引起大脑疲劳；大脑疲劳后机体的自我保护，导致之后的注意力难以再次集中，因此出现开始注意力过于集中，之后注意力涣散的情况。

10. 抵抗干扰

（1）检测参数意义

表示被测试者在眼睛、耳朵、嗅觉、触觉等接收外界刺激传给大脑后，大脑仍然专注于当前的工作状态，如同感觉通道关闭了一样，做到控制自己的大脑，不看、不听，不受影响的能力。

（2）参数检测原理

通过大数据分析比对，找出了被测试者在关注外界光线、声音刺激时的脑电波状态，再比对被测试者在被麻醉或即将入睡时的脑电波状态，提取出脑电波中表示感官关闭的特征波，分析计算得出数值。检测参数圆整到 0—100。

（3）参数参考值与偏离值

正常（41—100）：这表明抵抗外界干扰能力较强，在学习、工作时，能安静地集中精力思考；控制大脑不看、注意力不宜被分散、对外界的噪声有较强的抵抗能力，有利于提高学习、工作效率。

轻度偏离（31—40）：抵抗外界干扰能力一般，在学习、工作时容易被外界的声音、光线等刺激干扰。

中度偏离（21—30）：抵抗外界干扰能力较差，比较容易被外界的声音、光线等刺激干扰，注意力容易分散，导致工作、学习效率下降。

重度偏离（0—20）：抵抗外界干扰能力很差，感觉通道过于灵敏，特别容易被外界的声音、光线等刺激干扰，注意力容易分散，工作、学习效率很低。抗干扰能力差就会表现出心理素质差、情绪不稳定，遇到难题就乱了方寸，必要时候立场不坚定，制订的计划频繁改变，与别人相处困难，做事情没有韧劲，看问题存在偏见，等等。

（4）抵抗干扰能力下降的表现

a. 工作、学习时容易被外界的声音、光线等刺激干扰，注意力容易分散，导致工作、学习效率下降。这里的工作是指从事某件事，如做家务、做脑波测试等都包含在工作范围内。

b. 睡觉时容易被光线、噪声等干扰，影响睡眠。

（5）抵抗干扰能力下降的原因

a. 行为因素。对照一下是否对科技网络衍生品的过分依赖，如电视、社交网络、手机、邮件等。对它们说“不”，约束自己，减少某些网站的访问频率和手机的使用频率。

b. 疲劳状态。疲劳状态下尤其是大脑疲劳会引起抵抗干扰能力的下降，对噪声、光线等刺激的忍受力下降。日常生活中，疲劳时，对周围人说话的声音的抵抗干扰能力下降，注意力容易分散，比较难以忍受孩子的吵闹声。

（6）抵抗干扰能力下降的危害

a. 导致注意力易分散，影响工作和学习的效率。

b. 影响睡眠的质量。

11. 思绪排空

（1）检测参数意义

表示被测试者由于受到外界的刺激或者自己头脑中产生某些想法或受到某些情绪困扰时，控制大脑不去停止思考加工或者切换思路想别的事情的能力。

拿电脑来作一个比喻，电脑用久了就会变慢。这个时候，我们就该清理清理内存了，清理掉一些垃圾，让电脑重回轻盈的状态。大脑的思绪排空也一样，聪明智慧的人类每天大脑中平均会产生60万个念头。我们的大脑CPU太忙碌了，要想让它正常工作，必须时刻给自己的大脑“清清内存”。这个过程运用的就是大脑的思绪排空能力。

（2）检测参数原理

采集和分析大量常年练习冥想人士的脑电波，比对他们冥想状态和非冥想状态下的脑电波不同特征，提取脑电波中表示思绪排空的特征波，分析计算得出数值，检测数值圆整到0—100。

（3）参考值与偏离值

正常（41—100）：表示有某种想法或情绪困扰时，控制大脑切换思路（不想这个，想点儿别的）、主动排空大脑能力较强，学习、工作用脑效率高。

轻度偏差（31—40）：表示有某种想法或情绪困扰时，控制大脑切换思路（不想这个，想点儿别的）、主动排空大脑的能力有些下降。

中度偏差（21—30）：表示有某种想法或情绪困扰时，控制大脑切换思路（不想这个，想点儿别的）、主动排空大脑的能力较差。

重度偏差（0—20）：表示有某种想法或情绪困扰时，控制大脑切换思路（不想这个，想点儿别的）、主动排空大脑的能力很差，尤其是遇到不开心的事情，容易控制不住，反复思考，成为情绪困扰的诱因。

特别需要指出的是，当思绪排空检测数值在80以上时，虽然表示被测试者的思绪排空能力很强，但同时也说明这个人一直在用排空的能力，频繁做思绪排空的加工。出现这种情况，需要与被测试者讨论有什么事情或困扰让他（她）的大脑一直试图排空。

（4）思绪排空能力差的危害

a. 头脑中容易杂念纷纷，影响工作和学习的效率。

b. 排除负性情绪的能力弱，容易有负面情绪。

c. 大脑容易提前老化。

（5）举例说明

据与我们合作的以色列脑电波研究专家介绍，以色列军人在服役期间都要进行系统的神经反馈训练，专门训练思绪排空能力。他们假设军人被敌军俘虏后，敌军严刑逼供，进行类似一根根剁掉手指的残酷折磨。接受过系统思绪排空能力神经反馈训练的军人，能够在身体遭受酷刑的情况下想象积极美好的画面，从而免受精神上的创伤。

12. *左右脑优势*

表示被检测者习惯上更多使用左半球大脑进行思考加工，还是右半球大脑思考加工，或者是左右半球来回切换平均使用。

左脑优势（大于120）：左脑是个体的、理性的、逻辑思维、快乐、自信的脑，主要负责分析、语言、顺序、时间、识别、单词、字母、数字，具有线性逻辑思维特点；左半丘大脑负责理性分析，理解文字字面意义，直觉时间和顺序，还负责识别单词、字母和书写、数字等，还包括语言表达、程序安排、组织和细节、计划等经验智慧的特质。有科学研究表明左脑优势的人比较适合从事管理、与人交往等相关工作。过于偏左脑容易产生某些嗜好和成瘾，过于偏左脑的人往往会有些强迫思维和强迫行为。

右脑优势（小于80）：右脑是感性的、祖先的、形象思维的脑，是分析力、记忆和情绪的中心。主要负责心理节奏、图像、图案、旋律、音乐等信息加工；有空间知觉和创造性特点；又称为“直觉半丘”。更多地从图形、图像中获得信息，包括从肢体动作、情绪和语气、语调中了解语言的意义，还负责情感表达、寻求新异、创造性思维、情绪加工，负责地点、面孔、物体的识别等感觉智慧的特质。如果一个人近期进行频繁的情绪加工（如抑郁症患者），会呈现出右脑优势状态。有科学研究表明右脑优势的人比较适合从事艺术、技术、研究或发明创造等相关的工作。

左右脑均衡（80—120）：同时具备左脑逻辑思维的优势，和右脑直觉思维的优势，理性和感性的思考比较均衡，情感性和原则性更加统一，研究表明左右脑均衡切换交替使用的人具有更好的心理健康水平。

六、关于脑波检测系统测评报告结果的说明

人脑是一个非常复杂的器官，其功能和状态丰富、复杂，我们只能从一些角度、一些维度来描述大脑的功能和状态，不可能穷尽其奥妙。脑波检测系统的参数指标为描述性指标，能够客观如实地描述出人体大脑的部分功能和状态。这种检测就像 CT 成像和体温测量一样，只能描述其状态，不能直接呈现出问题或状态的结论。要得出定性或定量的结论，一是需要多个参数综合考虑，二是需要心理咨询师和心理治疗师通过综合分析判断加以获得。

脑波检测系统呈现的检测只能反映问题的存在，但具体是什么原因引起的问题，需要结合被测试者的情况具体分析。例如困倦指数检测结果为 35，说明被测试者测试时比较困倦，但具体是睡眠时长不足还是睡眠质量差，需要对被测试者进行访谈。再比如体温计，

能够客观地反映出人体的体温，但是具体是感染引起的发烧还是刚从桑拿房里出来体温较高，需要根据具体的情况分析判断。

脑波检测系统的参数指标会根据被检测者的心理状态的变化而变化。当被检测者的心理状态发生变化时，脑电波信号随之变化（身心相互影响），参数指标也会发生相应的变化。当人的心理状态相对稳定时，参数指标也会保持相对稳定。

需要注意的是，参数指标保持相对稳定是指数值保持在一定数值范围内，而不是一点儿都不变。例如，某人的检测结果 1，保持这个状态尽量不受特殊事件的干扰，5 分钟后再次检测，测出检测结果 2，常常会看到当心理状态相对稳定时，参数指标也会保持相对稳定。但如果 5 分钟之内给测试者一个刺激，如他的未婚妻突然出现在他面前，这时再次检测的结果会发生较明显的变化，例如出现情绪压力升高、紧张兴奋升高、大脑负荷升高、放松能力下降等。

心理咨询师、心理治疗师或者是被测试者本人，在分析、解读测试报告时，一定要区分不同参数各自的意义。例如要分清楚困倦与脑疲劳度的不同。睡眠仅仅是缓解脑疲劳度的方法之一，但困倦指数高不一定大脑就疲劳。例如某人困倦指数高，但他脑力劳动不多，平时会抽出时间放松休息大脑，因此大脑并不疲劳。

困倦指数和大脑疲劳的主观感受容易被混淆，因脑疲劳后产生的疲惫感、注意力难以集中、思维迟缓、情绪变化与困倦后的反应较接近，因此有时候主观上难以区分脑疲劳和困倦感，但通过测试可以帮助区分澄清。区分困倦指数和大脑疲劳的意义很大，我们可以找到引发问题的不同原因，从而采取不同的改善策略。

在分析报告时要多参数综合分析，相互联系，找到问题的因果关系。例如放松能力与大脑疲劳，一般情况下，大脑的放松能力弱，容易造成大脑疲劳；但有的人放松能力很强，却不运用放松的能力，每天不给大脑放松休息的机会，也会造成大脑的疲劳。如果大脑放松能力很强，也注意应用放松能力了，大脑疲劳依然很高，那么我们可以推测他（她）一定承担着繁重的脑力劳动。如果事实上他（她）在工作中并不需要高强度脑力劳动，我们就可以推测他（她）无意识思维或胡思乱想的东西太多了。

再例如大脑负荷与脑疲劳度。一般来说，持续一定时间的大脑负荷高（中度偏离及以上）容易引起脑疲劳。但并不绝对，有的人虽然大脑负荷高，但平时会抽出一定的时间放松大脑（比如在忙碌的工作中每天闭目养神或冥想 20 分钟），这就不容易产生脑疲劳。另外，有的被测试者显示大脑负荷并不高，但大脑疲劳，这时候的大脑疲劳是长期大脑不放松、疲劳积累的结果。

有关大脑活力与大脑疲劳，长期的大脑疲劳会引起暂时性的大脑活力下降，所以在分析大脑活力指标时要综合分析大脑疲劳指数。如一个成年人的大脑活力指数为 28、脑疲劳指数为 100，要考虑大脑活力的下降很有可能是因为长期的脑疲劳度引起，出现大脑“假老化”。这时使用一些放松大脑的方法，降低脑疲劳度并保证充足的睡眠，隔段时间再来检测。如果再次检测显示脑疲劳度下降，大脑活力指数变好，则确认是过高的脑疲劳引起大脑活力的暂时性下降；如果再次检测显示脑疲劳度恢复正常，而大脑活力指数依旧差，则表示大脑确实出现了老化。

脑电波检测报告的分析与解读是一项复杂的技术工作，需要心理咨询师和心理治疗师长时间地积累经验，提高分析水平。脑波检测系统的检测指标有 14 个维度，分析、解读报告时我们不仅要看懂每个参数的情况和代表的意义，更要会分析参数之间的关联性。

而 14 个参数的不同组合是一个很大的工程，本文不太可能列举穷尽。同时，这项工作也是需要灵活掌握，智慧应用的，不能机械地完成。

有了上述分析、解读能力还不够，心理咨询师和心理治疗师还需要把报告呈现的内容和求助者的实际情况加以结合，在报告的引导下深刻分析和理解求助者。必要时可以和求助者进行讨论，对于自助者而言通过报告的问题和自己知、情、意、行、状态的对应，提高自我认知水平，本身也是心理调适的过程。

有的心理咨询师和心理治疗师担心科学仪器会代替人的工作，排挤人的工作。从以上的讲述可以看出来，机器不可能完全代替人的工作，它只是我们很好的助手。就神经修复式心理调适技术而言，如何深刻理解、熟练掌握、准确分析大脑功能与心理状态的检测报告，是心理咨询师和心理治疗师不断提高自己业务水平和经验技能的努力方向之一。

第五节
自为心理指导师对来访者的理解与评估

来访者对于自身心理状态的准确把握，还可以借助专业的心理工作者的力量。无论是自我感知与觉察，还是主观量表的检测，甚至是较为准确的神经电生理指标（心电和脑电波）检测，都有其局限性的一面，也存在来访者是否可以理解和接受这些检测结果所代表的意义的问题。要客观准确理解来访者的心理状态及深入分析产生心理问题背后的深层原因，还需要心理指导师和来访者共同来分析和讨论。

一、认真倾听来访者的主诉

没有调查就没有发言权，心理工作者一定不可以凭经验或只言片语和一两个信息点，就简单粗暴地给来访者下结论。而是要保持一种空杯的心态，仔细聆听来访者的讲述：当前的症状、发病的过程、生活和工作情况、家庭及人际关系等情况，面临的现实压力、有哪些想法和信念、曾经的刺激和伤害、童年的经历和成长过程、受教育背景等信息，从而立体化、全方位地了解和理解来访者。

二、观察来访者的状态

心理工作者在与来访者交谈时，还要用心观察来访者的状态。诸如，气色如何？是红光满面还是面色苍白、面色暗黑；身体状态如何？是瘦弱无力、弱不禁风，还是体态肥胖、臃肿；观察来访者的精、气、神，目光游离不敢与人对视，还是目光坚定，眼里有光；是否有面部抽动，身体或双手是否抖动；交谈顺畅、愿意倾诉，还是沉默寡言；交谈中来访者思维有所发散和联想丰富，还是问一句机械地回答一句，显得呆板而木讷。

需要和可以观察的内容和细节非常之多，很难一语道尽。这里抛砖引玉，启发大家不断去练习自己的观察能力，更好地服务。

专业的心理工作者，综合观察到的信息，对于来访者立体化、全方位地理解能力的提升会上一个台阶，一方面更容易与来访者建立良好的关系，另一方面对于有的放矢协助客户解决心理问题大有帮助。

三、心理工作者与来访者共同讨论检测报告

通过科学仪器和测评工具或者检测量表，获得一些来访者的检测结果，知道了来访者的指标是否有偏离以及偏离的程度如何。然而，检测只能反映来访者当前的状态。并且相同或相近的检测结果，对于不同的来访者而言，可能产生的原因和代表的意义是不同的。为了激发来访者自有的自愈能力，让来访者更加准确地理解自己的状态和状态背后的产生机制，也为了让专业心理工作者能够更加准确地把握来访者的心理状态，双方非常有必要一起认真分析和讨论检测报告。

例如：我们在工作中遇到一位 32 岁的白领女性。为其做的自主神经功能检测中，报告结果显示心能量指数只有 5，属于严重偏低。自主神经活性在低活跃区，偏交感神经活跃。我们和她讨论：按理来讲您这么年轻，神经活性不应该这么低呀？您觉得是什么原因导致的呢？她回答：我自己也觉得肯定会差，我感觉自己都快崩溃了。孩子 1 岁 2 个月，天天照顾孩子太累了，孩子晚上老折腾、哭闹，不睡觉，我也天天只能睡 3—4 个小时。单位一上班就特别忙，一天到晚连喝水、上厕所的时间都没有，能不差吗！

再例如：我们看到一位 65 岁的女性的检测报告，其中脑功能状态检测的报告显示大脑负荷指数为 88，属于重度偏高。我们就和她讨论：看到您的大脑负荷指数重度偏高，说明您每天思考加工的内容特别多。您刚才讲，自己已经退休在家了，按说应该没有太重的工作任务了吧？难道您还有很多需要操心、费脑的事情吗？她回答说，可不是这样！我天天有操不完的心，天天要接送孙子上学、放学。担心接送晚了，担心路上不安全，心里特别紧张。近几年我儿

子工作不顺利，我也一直为他发愁。女儿 30 多岁了，还没有男朋友，更让我天天发愁。

通过这样的方式进行讨论，心理工作者是不是更加了解和理解来访者了。来访者在检测报告和心理工作者的引导下，也更加看清楚自己的情况，主动梳理和总结自己的问题。这样既激发了来访者改变的信心，梳理出需要努力的方向，也为后续的调理和改善打下了坚实的基础。

四、正确选择最佳调整策略

作为心理问题的主人，一定要实事求是觉察和向专业心理工作者反馈自己的心理状态。双方要在一起判断心理问题的性质和严重程度。作为高级心理自愈师，应该能够准确把握来访者是精神疾病，严重心理问题还是一般心理问题。对于属于精神疾病和严重心理问题的人，要能够识别并转介到专业的医疗机构进行治疗。对于属于一般心理问题的来访者，根据症状和检测报告以及心理专业人士的综合分析判断，科学地选择最佳的调理策略。

在确定服务关系时，双方需要签订《知情同意书》（我们使用的《知情同意书》版本，附于本书的后面，供大家使用参考）。目的是为了保护双方的权利。

根据心理问题的性质、程度和对应性，来访者可以选择借助专项调理的小程序、手机 App、光影系统、人工智能工具、反馈式训练系统等多种调理手段。可以选择一种专项训练，也可以几种训练手段综合使用。

以下列表说明来访者状态与调理策略间的关系，供大家使用时参考。在实际调理和训练工作中可以灵活应用。

心理及情绪状态与干预策略对应表

策略 状态	心氧数字疗愈	光影心理疏导	自主神经功能训练	大脑功能训练	专业心理工作者服务		
					倾听师	训练师	指导师
精神压力大、脑疲劳、兴趣下降	√				√		
学习、工作倦怠、效率下降	√	√			√		
轻度失眠、焦虑、抑郁状态	√	√	√		√		
突发事件后应激处理	√	√		√		√	
中度失眠、焦虑、抑郁状态	√		√	√		√	√
心理问题导致躯体化症状	√		√	√		√	√
无法上班、上学，社会功能受损	√	√	√	√		√	√

第五章 自为心理疗愈的方法

第一节
自我宣泄释放压力

一、宣泄是释放压力的好办法

宣泄是指把过去在某个情景或某个时候受到的心理创伤、不幸遭遇和所感受到的情绪发泄出来，以达到缓解和消除消极情绪的目的。宣泄对精神压力过大、心理性失眠、焦虑情绪、抑郁情绪等有较好的疗效，而且对心身性疾病和身体健康都有很大的好处。

现代社会，大家的心理压力越来越大，如何在可控的状态下将心中的不快，用适当的方法表达出来，释放掉不良情绪，保持身心的健康。在心理工作中，应用适当的技术让来访者释放内心的压力，合理宣泄自己的情绪和情感，往往是治疗初始阶段很重要的一项内容。对于自为者而言，采用文明的、可控的方式将内心压抑的愤怒、不满、委屈、恐惧、自责、羞愧等表达出来，发泄出来，会轻松许多。多次宣泄之后，内心的火药就会被逐渐倾倒出来，会感觉到没有那么压抑了。科学、合理的宣泄特别有利于身心健康。

二、常用的宣泄方法

1. 倾诉法

在确认安全的情况下，找自己的亲戚、朋友，讲述自己的心声，表达自己的感受、困惑、郁闷、愤怒或不满，也可以找专业的倾听师，保证在更加安全和专业的情境下进行倾诉。把自己的心里话一股脑儿倒出来，你会感觉到心理马上轻松了许多。

人在大多数情况下都会努力调整自己的状态，力求使自己内心平静，受传统文化的影响，大多数人会自觉或不自觉地压抑自己的情绪，使自己看起来还不错。然而内心的不良情绪积压起来，就如同一点一点积攒了很多火药，会越来越危险。巨大的火药桶不通过倾诉等方式宣泄出来，就会成为爆发点，向外爆发会伤害到亲人和朋友的感情，向内爆发会出现形形色色的躯体化症状，诱发心身疾病。因此，及时的倾诉很有必要。

2. 大哭一场

很多人很久没有哭泣了，有的是因为麻木了，哭不出来了。有的是觉得哭泣是软弱无能的表现，哭鼻子很丢人。其实，在你感到特别痛苦悲伤的时候，不妨痛痛快快地大哭一场。哭泣可以有效释放积累的紧张，能调节心理平衡。痛苦是消极情绪积累到一定程度的大爆发，就好比天空的阴云密布，云层越来越厚，天空越来越暗，倾盆大雨倾泻而下，大雨过后就会雨过天晴，又见彩虹。

当遭遇巨大的压力时，如果找不到其他的途径来宣泄，可以通过哭泣释放压力。通过哭泣可以使压抑的情绪得到释放，压力也随之缓解。遇到特别委屈、失落、情绪糟透了的情况时，不妨找个安全的环境让自己大哭一场，在哭泣的过程中，情感得到了充分的释放，所以哭过之后整个人会感觉非常轻松。在亲人和亲密朋友交往中，如果遭遇到矛盾和冲突时，你不妨示弱地哭泣，你的眼泪往往会赢得对方更多的理解与包容，忍不住想要安慰你，让原本降至冰点的关系得到缓和。

3. 呐喊宣泄

通过大喊大叫的方式，呼出闷气、泄出怨气。将内心压抑的郁闷、烦躁、愤怒等不愉快的情绪、情感进行宣泄，达到心理调适的目的。

呐喊宣泄的主要功能及作用：消除宣泄者焦虑、紧张、自卑等不良负面影响；可以帮助引导宣泄者积极、向上，进而帮助宣泄者建立自信，找回自我；帮助个体发泄负面情绪，释放自我，放空自己，启动心理恢复力，重新获得内心的平静。

每个人在成长的过程中都会产生一些美好的愿望，当有的愿望因某些原因而没能实现或满足时，人的内心就会产生一些怨气。这种情况下，我们就可以用到情感宣泄定律：给情感一个宣泄的窗口，用一种倾诉的方式来宣泄自己的情感。例如，找一个空旷无人的地方，大声呐喊。亦可在专业的仪器和软件的引导下大声呐喊，宣泄情绪。

在现实生活中，许多人因为顾忌形象与面子，认为那些未能实现或满足的愿望，应当自我压抑和克制，不应该宣泄出来。但这种想法与观念其实是错误的，因为即使你使劲儿压抑和克制自己的坏情绪，坏情绪对你的影响依然无处不在。所以，我们只有将坏情绪合理地宣泄出去，才能让自己愤怒的情绪平复下来，才能开心快乐地过好每一天。

与呐喊宣泄比较接近的，还可以采用唱歌的方式。约三五好友到歌厅，选择能表达自己此时此刻心情的歌曲，大声地歌唱，边唱边跳，使自己的情绪得到充分的表达与宣泄。

4. 运动宣泄

经验表明，选择具有一定强度的有氧运动或有氧与无氧交替的运动，超过 20 分钟，达到气喘吁吁、汗流浃背的状态。特别有利于把体内积聚的“能量”释放出来，使郁积的怒气和不愉快的情绪得到宣泄，从而改变消极的情绪状态。

丰富多彩而有趣的运动项目，往往能够转移注意力。能够帮助我们暂时放下或忘记不良情绪。可以帮助我们尽快摆脱不良情绪的困扰，帮助我们从束缚、控制、干扰中解脱出来。具有一定强度的运动，类同于原始人打斗的心理作用，可以帮助我们释放攻击的本能，缓解攻击性行为。运动可以促使人分泌一种叫内啡肽的物质。内啡肽可以让人产生心情愉悦的作用，就像服用兴奋剂一样。这恰恰有助于人们消除或缓解不好的情绪。当情绪焦虑或烦躁时，肾上腺素就会飙升。通过运动出汗，将肾上腺素及时排出体外。可以有效改善焦虑和烦躁，释放内心的压力和不良情绪。

在临床心理服务工作中，我们发现大多数焦虑症和抑郁症的患者，很少参加体育运动。大部分人明确表示，非常排斥体育运动。事实上，只要他们“动起来”，焦虑、抑郁的情绪就可以大大得到缓减。他们往往刚开始运动时很不习惯，甚至非常痛苦，但是强迫自己坚持 1—2 周后，就喜欢上了运动。

5. 专业的宣泄装备

在自助、自主、自为心理疏导理念的指导下，涌现出很多引导和激发自我宣泄的装备和设施，我们可以借助这些工具，进行自我宣泄。

（1）宣泄减压室

全面软包和隔音良好的房间，里面有许多供自为者击打、撕扯、挤捏、摔打的工具。可以在里面安全地舞动、喊叫。每次 20—40 分钟的减压室宣泄，自为者往往会大汗淋漓，大叫痛快。很多压力大的人士，特别是儿童青少年群体非常喜欢这样的宣泄减压室。

（2）呐喊宣泄减压仪

呐喊宣泄减压仪是通过“声音”作为人机互动交流方式，通过微处理器设计原理开发的以“呐喊”为主题的正向引导智能宣泄设备，它能准确测定和分析宣泄者声音信号的强度、频率和持续时间，从而建立一个正确的宣泄主题。评估出适合当前宣泄者的正向疏导语，并实时地激励疏导宣泄者的一套具有“智能引导、正向激励、双向互动沟通”新概念的宣泄产品。消除宣泄者焦虑、紧张、自卑等不良负面影响，引导宣泄者积极、向上。进而帮助宣泄者建立自信、找回自我的新概念宣泄产品，使人与设备构成一个闭合交互反馈训练整体，对宣泄过程有效刺激和情绪引导，最终实现情绪的释放。

6. 弹穴位情绪释放法

弹穴位情绪释放法是一种现代心理学和中国传统经络理论结合产生的心理和情绪调节方法。弹穴位情绪释放法具有调节日常情绪、疗愈心理创伤、清除心理阴影、调节心理亚健康、治疗心理疾病、提高人的自信心和幸福感等多方面的作用。它简便、易用、效果好，可以作为医务人员、心理咨询师、心理辅导师的心理调节工具，也可以作为个人自我情绪调节的工具。掌握了它，可以很方便地进行自我情绪调节。

弹穴位情绪释放法是由加拿大籍华人田茂平先生创立。田茂平先生在学习美国斯坦福大学工程系高才生盖里·克雷格先生创立的“EFT 情绪释放疗法”的基础上，结合中国传统中医经络理论的精髓，为解决情绪困扰而创立和不断完善的。

弹穴位情绪释放法基本操作方法如下：

（1）弹击指法

双手食指、中指、无名指三指紧紧并拢，中指稍长，食指和无名指稍短。拇指和小指自然向三指靠拢。

（2）弹击力度

以自己可以接受的力度即可。弹击时感觉舒服且稍感有一定强度的力度为宜。

（3）弹击时间

每个穴位弹击 8—10 秒，配合弹击做怡心呼吸，可以循环做 3—5 次。感觉不舒服，紧张、压力大时就可以做，每天可以多频次做。

（4）弹击穴位

后溪穴

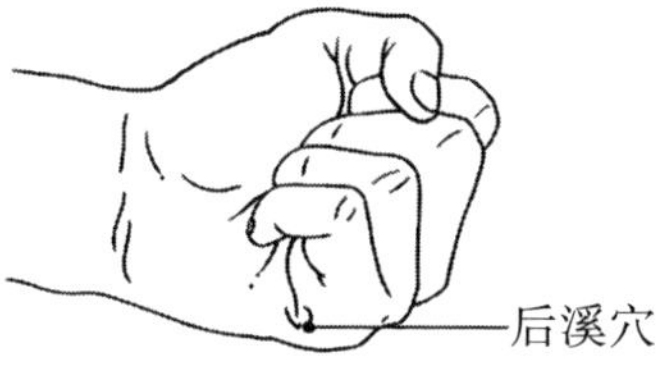

内关穴

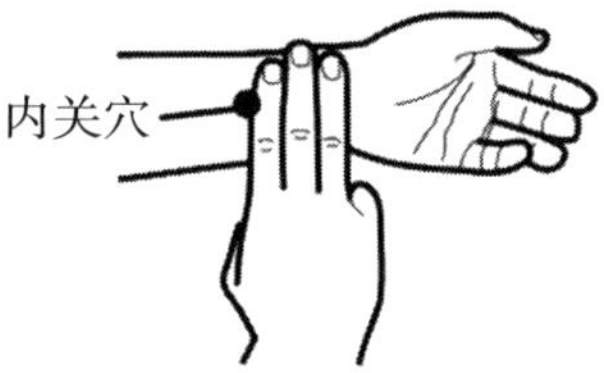

攒竹穴

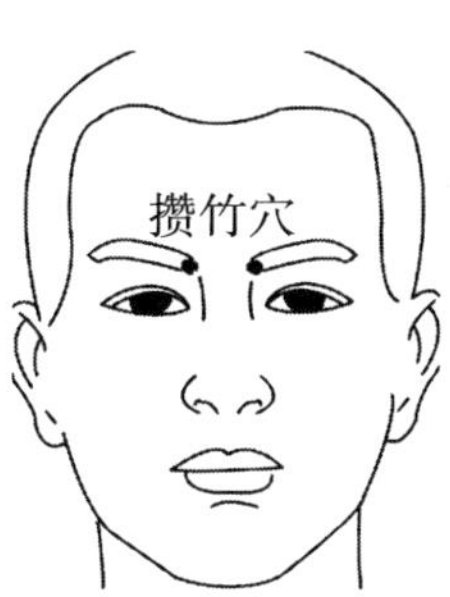

瞳子髎穴

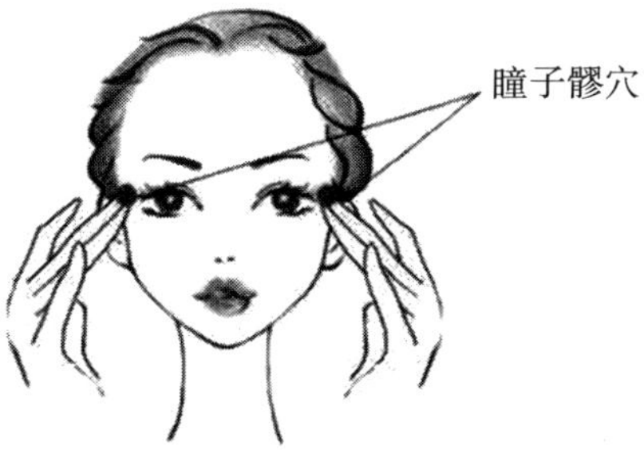

承泣穴

人中穴

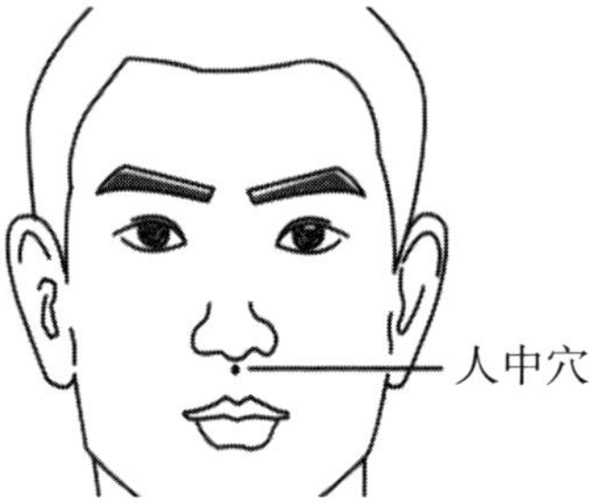

承浆穴

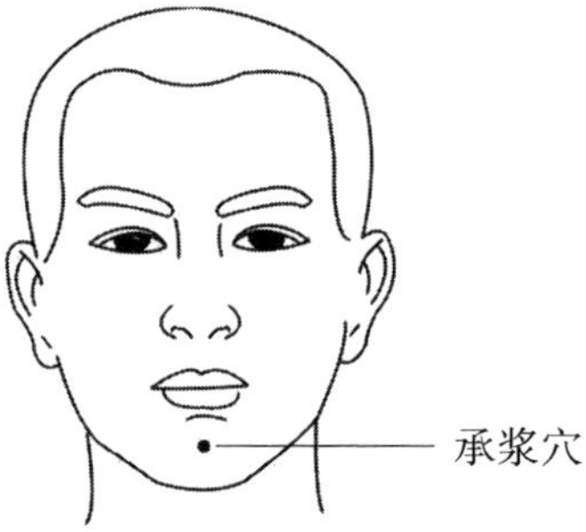

神藏穴

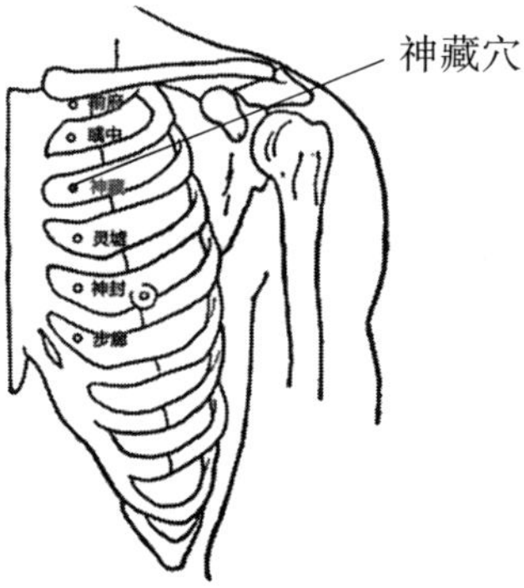

大包穴

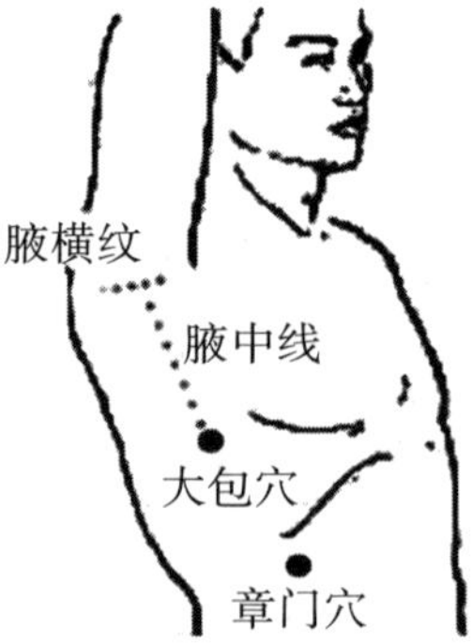

百会穴

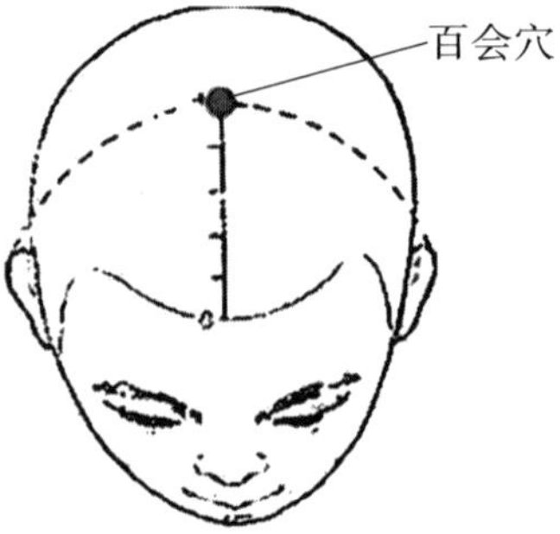

第二节
借助语言—音乐疗愈

一、语言—音乐疗愈的功效

语言是人们表达思想，进行相互沟通的工具。俗话说：“良言一句三冬暖，恶语伤人六月寒。”积极正向的语言可以帮助人们愉悦心情、解除烦恼、缓减焦虑，给予心理支持。精心设计的语言引导系统还可以指导自为者锻炼自己的大脑，提高大脑的放松、专注、收敛和排空等脑能力。起到改善情绪状态，提高心理承受能力和心理调节能力的作用。自人类进化出语言功能以来，人们的思维过程往往会自觉或不自觉地以语言编码的形式来呈现。通过系统化、流程化、专业化设计的语言引导，可以辅助自为者完善自己的思维模式，开展自己的思考维度，合理自己的自动化思维，进而有利于促进内心的和谐。

音乐疗愈机制大体可概扩为以下六个方面：

①音乐刺激能影响大脑某些递质如乙酰胆碱和去甲肾上腺素的释放，从而改善大脑皮层功能。

②音乐能直接作用于下丘脑和边缘系统等人脑主管情绪的中枢，能对人的情绪进行双向调节。

③情绪活动的中枢下丘脑、边缘系统及脑干网状结构与植物神经系统密切相关，也是人体内脏器官和内分泌腺体活动的控制者，因而情绪的紧张状态能直接导致某些内脏器官的病变，而罹患

"心身疾病"。音乐能调节人的情绪，所以也就能帮助治疗某些心身疾病。

④大脑听觉中枢与痛觉中枢同在大脑颞叶，音乐刺激听觉中枢对疼痛有交互抑制作用，同时音乐还能提高垂体脑啡肽的浓度，而脑啡肽能抑制疼痛，所以音乐有镇痛作用。

⑤音乐能改善大脑功能，协调大脑左右半球，从而促进人的智力发展，所以常被应用于儿童的早期智力开发；音乐能改善智力障碍儿童的能力，所以音乐广泛地应用于特殊教育。

⑥心理学研究显示，音乐能影响人格，情感培养对人格成长至关重要，而音乐包容了人的情感的各个方面，所以能有效地铸造人格；音乐能超越意识直接作用于潜意识，因而在心理治疗中有特殊功效；音乐活动是相对有序的行为，有助于协调身心及建立和谐的人际关系，因此被广泛应用于行为治疗。

祖国医学的经典著作《黄帝内经》两千年前就提出了"五音疗疾"。古人的音乐疗法是根据宫、商、角、徵、羽 5 种民族调式音乐的特性与五脏五行的关系来选择曲目，进行治疗。如宫调式乐曲，风格悠扬沉静、淳厚庄重，有如"土"般宽厚结实，可入脾；商调式乐曲，风格高亢悲壮、铿锵雄伟，具有"金"之特性，可入肺；角调式乐曲构成了大地回春、万物萌生、生机盎然的旋律，曲调亲切爽朗，具有"木"之特性，可入肝；徵调式乐曲，旋律热烈欢快、活泼轻松，构成层次分明、情绪欢畅的感染气氛，具有"火"之特性，可入心；羽调式音乐，风格清纯、凄切哀怨、苍凉柔润，如天垂晶幕，行云流水，具有"水"之特性，可入肾。

语言是思维的载体，语言—音乐疗愈革命性地将意识与潜意识的研究带到一个全新的高度，更难能可贵的是，它不是一套学者们用来清谈的理论，而是可推及至现实生活各个层面的方法论。它被誉为现代心理学最具学科综合性、最具神奇效力，也是最具发展前景的应用成果。它背后有着更深刻的脑神经学及心理学基础。

二、语言—音乐疗愈的主要内容

近年来随着心理科学的发展以及电子产品的不断普及，许多大专院校、科研院所、医疗机构和心理服务机构开发了许多语言—音乐疗愈系统，深受大众的喜爱，取得了很好的效果。数字疗愈技术越来越被世界认可。这样的语言—音乐疗愈称为心氧，把人们对心理滋养的需要求比喻成生命对氧气的需要那样重要。它集正念训练、冥想练习、音乐治疗、催眠疗法、心理暗示、意象对话、自由联想等多项心理学经典技术的精华，作用于与心理状态调适，保持良好情绪，告别失眠困扰的 18 种相关脑能力。通过有针对性的语言—音乐引导，引导恢复大脑功能，提高专项脑能力，进而恢复良好的情绪与睡眠状态。

语言—音乐疗愈有预防大脑老化、缓解睡眠障碍、疏导焦虑抑郁和强化大脑功能。根据使用场景的不同，通常分为：降低大脑负荷，降低焦虑情绪，疏解抑郁情绪，改善困倦状态，增强大脑活力，缓解大脑疲劳，提高注意力水平，提高放松能力，强化抵抗外界干扰，增强思绪排空，激活左脑或右脑思维，改善睡眠，促进亲密关系，提升自我觉察力，提高注意力，缓解肌肉紧张，增强安全感，减少负面思维习惯，学会关爱自己，提高学习能力，帮助愉悦心情，帮助缓减压力，帮助平息愤怒等。

三、语言—音乐疗愈的使用方法

近年来开发的语言—音乐疗愈系统使用起来都很方便，一般通过手机、iPad 或电脑就可以使用。也有一些产品固化在专用的播放设备之中，可以根据自己的使用习惯进行选择。需要注意的是，有些语言—音乐疗愈系统的内容是经过专家团队精心设计，具有治疗效果的。也有很多内容是爱好者根据自己的喜好制作的，没有经过专业的研发和使用效果的临床检验，这样的内容往往只能起到一定的放松作用，不能真正深度帮助到。大家在选择自助内容时要做好辨别。

语言—音乐疗愈特别适合自为者自主、自助使用，解决自己的问题，增强自己的能力。需要注意的是，疗愈是一种潜移默化逐步显现作用的过程，切不可操之过急。适合早晨醒来，午饭、晚饭后，睡前或是工作学习累了需要休息时收听，适合利用碎片化时间，每天多次短时间收听，一般一次收听时间 5—20 分钟为宜。

语言—音乐疗愈适合长期使用，同样一段内容听得越久，产生的发酵式的效果越好，因为它不仅仅影响我们的意识层面，更重要的是影响我们的潜意识。有的觉得这一段我听过了，都快会背了，还需要再听吗？实际上反复聆听熟悉的内容，效果会更好。

收听时音量适中为宜，不宜声音太大，为了避免对他人的影响，可以佩戴耳机收听。语言—音乐疗愈不仅需要我们听，有时候还需要配合内容思考，甚至需要做一些肢体的运动加以配合，事实证明越是配合度高的听众，收获的效果越好。

第三节
光影心理疏导

一、光影疏导的功效

几乎每个人都喜欢看电影，电影诞生一百多年了，世界各国的电影工作者们创作了非常多的脍炙人口的优秀作品。电影艺术通过它独特的表现力和感染力，在有限的时空里，呈现无限的精彩内容。来源于生活而高于生活的电影艺术在给我们无限享受的同时，也在丰富着我们的阅历，通过电影经历别人的人生，感受别人的生活智慧。

光影心理疏导是运用心理学原理进行心理调整和心理治疗的一种技术，是一种心理治疗新方法。无论什么类型的影片都能牵动观众的情绪，其中的情节更可令观众产生共鸣，甚至能帮助病人解开心中的郁结。

心理学家开始利用影片情节与病人沟通，借此令沉默的病人吐露心事。伦敦的心理治疗师伯尼·伍德称，使观众如痴如醉的电影剧情可以治疗一直隐藏在心底的创伤。他认为，电影治疗法是医学界的一项突破。这项疗法对男性或有难言之隐的病人尤其有用。“在讨论剧情时，他们会因自己是第三者而不自觉地诉说心事。心理治疗师由此便知问题所在。”

光影心理疏导系统共分为 12 个大的主题，一百多个不同故事片段，每段长度 5—20 分钟不等。内容结构为故事揭示的心理学原理—故事情节—学习迁移三个部分。可以采用自助观看的方式，自主选择需要学习和了解的内容，看别人的故事，启迪自己的智慧，迁移到解决自己的问题上。12 个主题篇章分别为：亲子篇、情绪篇、心理健康篇、师友篇、男孩女孩篇、品格篇、潜能篇、亲密关系篇、生命篇、职业篇、励志篇、社会篇。看别人的故事，启迪自己的智慧，感悟自己的人生，汲取精神营养的同时，实现精神的自由与富足。

光影心理疏导系统融合本体心理学、认知心理学和发展心理学等多学科知识，集知识性、趣味性一体来准确、客观地启发求助者内心变化。百年电影，百部精品，观看者通过欣赏与自己有共同经历的电影故事和人物命运，得到认知的升华和行为的改变。

二、光影疏导系统的用法

我们通常情况下出现心情不好是因为“惑”，也就是说想不通。想不明白怎么了？为什么？怎么办？当遇到这样的困扰时，我们总是心乱如麻、坐卧不宁、夜不能寐、食欲下降、不想活动。当遇到这样的困扰时，不妨找一下光影疏导系统。根据问题的类型找到相应的主题篇章，从中选取与自己的问题类似的内容。先观看心理专家剪辑好的影视片段内容，一般只有 5—10 分钟的故事。然后思考一下它给我们什么知识、启示或暗示。之后再阅读开始阶段的“传达目的”和影片最后的“学习迁移”文字内容，会有更大的收获。类似的人生课题，系统中通常会有很多段内容，可以从不同的角度、不同的人物和不同的时代背景去理解。因此，我们可以多选择几段收看。

常言道“当局者迷，旁观者清”，“灯下黑”。当我们面对一个人生困扰时，经常会如身处大雾之中，迷失方向，迷失自我。其实我们面临的问题又何尝不是其他人已经经历的呢？有些事情别人已经有前车之鉴了，我们从中可以汲取生活的智慧。没有不需要面对压力和挑战的人生，有时候缺乏的只是面对压力和挑战的勇气和方法。也许电影百年成果中的这些精彩片段，会对我们有所帮助。

第四节 免疫力与耐压力提升训练

一、免疫力与耐压力提升训练原理

和医生朋友们一起学习和讨论健康理念时，经常会听到一句话：大部分疾病都是从心理问题开始的。此话有一定道理。大家也会有类似的认知，非常疲劳和情绪不好时就很容易感冒、溃疡、出现炎症等。这通常是自主神经功能受损引起的问题。长期的生活不规律，经常性地情绪不佳都可能造成自主神经功能的低下或是组成自主神经系统的交感神经系统和副交感神经系统的不平衡。

我们的身体的运行如同一台高级的机器，运行复杂而精密。人的生命活动可以用这台机器来比喻。比如一台高级跑车，交感神经系统如同跑车的油门，副交感神经系统好比跑车的刹车。只有油门和刹车都好使，在不同的驾驶需要和路况条件下都发挥出最佳性能，跑车才能快捷、安全、平稳地完成行驶任务。

人体也一样，只有交感神经系统和副交感神经系统都功能正常且相互平衡，人体激素和内分泌系统才能协调运行，由它们支配的各内脏器官才能够正常工作，发挥其最佳的性能。这时的你看起来很年轻，精力旺盛，充满活力。良好的自主神经功能也有利于免疫球蛋白的合成，抑制促炎细胞的生成，有利于提高身体免疫力，预防病毒、细菌等对于身体的攻击。交感神经与副交感神经系统呈现高活跃状态且处于平衡状态，人就会处于一种积极、专注、愉快和放松的良好状态，此状态下的人更愿意接受挑战，耐压力也最大。

二、定期检测自主神经功能

自主神经功能如此重要，然而现代社会丰富多彩的夜生活打乱了我们几千年来形成的日出而作、日入而息的生活规律。信息大爆炸时代下的声、光、电产品的强烈刺激，无时无刻不占领着我们的大脑，冲击着我们的神经。研究表明，现代人，特别是脑力劳动者，自主神经系统受损情况非常普遍。长期坐办公室、缺乏体力劳动和体育锻炼的人群尤为严重。医疗机构也指出，神经衰弱、自主神经功能紊乱的人越来越多。这应该引起我们每一个人的重视。

现在的医疗机构、健康管理机构和心理服务机构几乎都有自主神经功能检测的设备。只需要 5—10 分钟，就可以得到一份自主神经功能的检测报告。看检测报告时，我们重点关注这几项指标：

心能量指数，表示自主神经系统的承受能力和调节能力。即当身体受到内部或外部环境变化或相应刺激时，其自动应对功能的强与弱。0—5 为重度偏低，到了要患病的阶段；6—10 为中度偏低，必须进行训练干预的阶段；11—20 为轻度偏低，需要引起重视的阶段；20 以上为正常状态。

自主神经活性，用绿色点的高低来表示，绿点越高说明自主神经系统的活性越好，越有利于身体健康。绿点处于或接近于低活跃区，就必须予以干预。

自主神经功能的平衡性，过度偏向于交感神经活跃，容易遇事反应过度，压力激素分泌旺盛，损伤身体。过度偏向于副交感神经活跃，容易表现为疲劳、退缩、萎靡不振，不利于做事或保护自身安全。这两种情况都需要干预，实现交感神经和副交感神经处于相互平衡的最佳协调状态。

三、提高免疫力与耐压力的训练方法

1. 跟着训练教程学习训练方法

在开始训练前，请回忆一段美好的往事，或者想象一个美好的画面。自主神经训练的调整方法分为三个步骤：

第一步为调身。戴好耳夹传感器，找一个舒适的地方坐好，保持全身放松。头颈部放松、胸腹部放松、腰背部放松、手臂放松、臀部和大腿放松、小腿和脚步放松。

第二步调息。将注意力集中到自己的呼吸上，进行缓慢的怡心呼吸。采用腹式呼吸，以自己适合的呼吸频率缓慢而悠长地吸气，再缓慢而悠长地呼气。适合自己的呼吸频率可以用本系统检测出来。进入系统以后，在共振中心里可以选择每分钟 8 次、9 次、10 次、11 次和 12 次的不同呼吸频率，戴好耳夹传感器后，严格按照小球指示进行怡心呼吸，小球向上运行时吸气，小球向下运行时呼气。这样每个训练检测两分钟，10 分钟后，系统会自动计算出最佳呼吸频率（如果没有严格按照要求完成呼吸，系统会检测到，并提示重新完成这一频率下的训练检测）。这个频率也是最佳心肺共振频率。按照这个频率进行怡心呼吸，对于自主神经功能的激活与平衡训练，效率最高。想象自己的身体在调身的作用下变得越来越松弛，身体

各部位变得协调而轻松。此时此刻心脏的负担也大大减轻，心脏跳动变得越来越轻松。

第三步调心。还记得刚开始准备的过去回忆，或者美好画面吧，把自己的心情调节到淡淡的喜悦，心里暖暖的、亮亮的感觉。保持调息、调身、调心的交替协调的状态。

2. 人机交互训练

戴好耳夹传感器后，系统会不断采集电生理指标，训练系统设计了动态反馈的训练科目，使用时调整自己的状态以改变画面的景象。换句话说，系统的训练画面会像一面镜子一样，动态、及时反馈此时此刻的状态。按照以上介绍的训练方法调整自己的状态，当自主神经功能良好而平衡时，画面就会变好，使用者只需要记住这种感觉，不断强化，达到在任何时刻、任何情境下都应用自如即可。

训练系统的训练科目分为：入门、进阶、高级和专家四个级别。随着级别的提高，训练的要求越来越高，训练的难度越来越大。前面的训练，静坐状态下调整就可以了，后面的任务增加了压力和需要用鼠标完成任务的环节，在带有紧急和艰难任务的情况下，继续保持良好的状态，要求就更高了。每个训练又分为简单、普通和困难三个难度等级。简单难度主要是引导找到不同状态和变化的本体感觉，体验训练时心态变化与画面互动的关系。普通难度是到了中等级别的调理水平时，主要使用的模式。困难级别是练就超强心理调节能力必须要达到的水平。如果经过长时间的训练，能够非常自如地完成困难等级的训练任务。那么在生活、工作、学习中和面对巨大挑战时，就可以保持积极、专注、愉快和放松的最佳状态，发挥出最高水平。

第五节
大脑（BNT）功能训练

一、大脑训练的重要性

人类的知识、技能和方法的获得需要通过“学习”。大脑是“学习”的载体,“学习”是大脑的功能。大脑的学习能力伴随人的一生。年迈的老人，只要坚持学习，依然可以在电脑操作、书法、朗诵、美术的各个领域有所进步。同样，大脑的思考方法和指挥机制也决定着人们的不同情绪状态和分析问题、解决问题的能力。事实证明，这种情绪状态和脑能力可以通过科学的方法加以训练，达到优化和提升的目的。

常常听到这样一些说法：“人和人的差别在脖子以上”,“脑子好，学习好”，“好脑子会有好人生”，“情商高的人运气好，容易成功”，“自律的人能成才”，“乐观和韧性是事业成功最需要的优良品质”，“心态平衡的人更健康”，“有包容心的人，人缘好”，等等。其背后揭示的本质都是大脑状态和能力的优势。

知道了大脑状态和能力的重要性，也知道了我们可以利用大脑具备的可塑性，通过训练优化和提升大脑，就如同找到了进入富丽堂皇宫殿的大门，我们可以愉快地登堂入室，享受它带来的美味佳肴，汲取其丰富的营养，打好快乐、成功的人生基础。

二、确定大脑训练的目标

近年来随着脑科学、神经科学、神经心理学、电子技术及信息技术等的飞速发展，以及大量大脑训练技术的应用和普及，大脑状态优化和能力提升训练技术（Brain & Nerve Therapy），已经很成熟。在实际应用工作中，按照不同训练目的，大致可以分为四种训练类型：一是提升学习和脑能力训练，通过专注力、记忆力、思维强度、思维稳定性、左右脑优势等的训练，强化大脑功能，提高学习和工作的效率。二是通过提高大脑能力，改善大脑状态，解决失眠问题。三是通过优化大脑思维和行为模式，解决焦虑、抑郁等情绪困扰问题。四是通过激活大脑功能，解决大脑老化，预防老年痴呆。

后面的章节分别会着重介绍不同训练目标对应的训练重点和方法。大家可以根据自己的需求和目标，自主选择。

三、大脑训练的基本方法

1. 神经反馈训练法

科学家形象地把神经系统的训练叫作“神经哑铃”，其意思是如同肌肉训练一样，神经系统也可以通过锻炼的方式强化其功能。动态、及时采集大脑工作状态指标，通过计算机及时通过画面和声音反馈这一状态，并指导受训者向着优化的方向训练大脑的过程，专业名词被叫作神经反馈训练（Neurofeedback）。这种训练模式，就如同对着镜子练习跳芭蕾舞一样，可以动态、及时地看到自己的状态，不好就积极调整，好了就保持并记住，长期训练达到优化状态和提高能力的作用。不言而喻，这种训练形象、有趣，训练效率高，训练效果好。

2. 训练阶段的划分

专家们把大脑训练分为六个阶段，分别简称为：止、观、惠、行、安、优。

止：就是在大脑训练任务的引导下，让受训者能够停止大脑胡思乱想。在实际工作中，我们常常会遇到这样的受训者，他们讲，我也知道不应该想这些事，我也知道应该停止胡思乱想，把思想放在更重要的事上，但是我做不到呀，大脑根本停不下来，很痛苦。大脑训练通过语言—音乐的引导和反馈，通过声、光、电画面的反馈和刺激，帮助和引导自为者大脑静下来、停下来，不做过多深度的加工。

观：就是在大脑训练里设置让自为者觉察自己，主动调节自己当前状态的训练模块。自为者通过呼吸调整、身体扫描、专注力、平衡力等的训练，提高自己的身体敏感度和感知力，学会活在当下和关注此时此刻的方法。可以尽情感受美景、美食、亲情、爱好等内容，感受生活的丰富与美好。

惠：就是引导自为者建立起良好的心理承受能力和心理调节能力，学会自我情绪管理。在工作中发现，遭受心理问题困扰的人往往耳聪目明、思维敏捷。常常会感叹，他们想到的，我们从来没想过；他们感知到的，我们常常都无感。因此，我们常常开玩笑说，聪明的人更容易焦虑、抑郁和失眠。这类型的人往往是聪明但是不智慧。智慧在心理健康方面的表现就应该是能感受到问题和压力，同时也可以很好地驾驭自己的情绪和情感，能够做到把事件和情绪分离。做到我的情绪我做主，我的睡眠我做主。

行：是指实践。在大脑训练中学会调节的方法和技术，要在生活中不断练习和践行，积极行动起来，把训练成果应用到现实生活中，做到训练常态化，成果生活化。

安：是指内心平静。可以真正实现我们追求的心平气和。睡眠好、情绪好。这样的生活状态特别美好，特别有利于身心健康。

优：是指各方面和谐而美好。通过大脑训练调整好自己的状态，需要积极工作、学习的时候注意力集中，精力旺盛，高效率。需要休息的时候，放松身心，快速解除疲劳，实现人生的最佳状态。学习好、工作好、生活好、理念好、运气也好。

3. 树立训练的信心与决心

实践中发现，有一类受训者不是自己主动要求训练的，而是其父母、家人强迫来的。本人成长和改变的动机很弱。还有的来访者抱着怀疑的心态开始尝试性训练，一方面想试试大脑的训练效果，试探一下能不能帮到自己，同时也很担心效果不好，自己不能坚持。还有的受训者片面地看待遇到的问题和困扰，不能理解其实质和根源，否认问题本质，这些受训者都会出现训练动力不足的问题。

受训者要想改变自己目前的处境，迎来一个全新的自我，就要打破已经编织好的保护网，鼓起勇气走出固有的心理舒适区。

定期自助采用脑波分析系统进行检测，与心理工作者一起分析解读测评报告的过程，就是理解自己的问题所在，把自己遇到的问题和困扰同自己神经系统的功能状态很好结合的过程。当看到并理解自己的问题和苦恼，能够看到自己的真实状态，会对解决问题树立信心。

大脑训练之前，受训者要了解一些心理学、神经心理学、脑科学等的相关知识，要学习大脑训练技术的原理、方法及成功案例等。对大脑训练技术有足够的了解和信赖，做好足够的面对困难的心理准备。虽然有些受训者勇敢地接受大脑训练，但依然存在很多误区，比如，认为大脑训练跟平常去医院看病一样，接受被动治疗即可。大多数受训者没有预料到，大脑训练需要艰难探索和主动改变。化茧成蝶的结果很美丽，但成长就要付出代价、经历痛苦。大脑训练需要按疗程进行，每次的训练也需要用心体会，逐渐进步。有时候进步会非常缓慢，有时还会出现反复，这些都是正常的，需要受训者不断努力，经历风雨后才能开始精彩的人生。

4. 肌肉放松训练

人体是一个统一的整体，当紧张、焦虑时，肌肉也会紧张起来，肌电水平会很高，身体紧绷绷的，很不舒服。相反，当能够主动放松肌肉时，整个人也会放松下来，体会到轻松自在的感觉。

请选个舒服的姿势坐好或躺好。注意保持身体的端正，让我们按照怡心呼吸法的方式，慢慢地、深深地吸气，再慢慢地、深深地呼气，把注意力放在自己的身体上，体会此时此刻身体的状态。

你可能一时找不到肌肉放松的感觉，请先把肌肉收紧一下，坚持几秒钟，然后一松开，马上就找到了肌肉放松的感觉。

先来做双脚和小腿的放松。双脚着地，或支撑在椅子上，脚面和脚尖用点力气向上翘起。坚持三秒钟，1、2、3。好，放松下来，体会双脚和小腿放松的感觉。

现在放松大腿，将大腿夹紧，上抬，坚持三秒钟，1、2、3。好，放松下来。

现在放松腰、腹部，用力将腹部收缩，同时夹紧臀部，坚持三秒钟，1、2、3。放松下来，全身重量下沉于臀部。

现在来放松胸、背部，两手向前交叉抱胸，挤压胸肌、拉紧背肌，坚持三秒钟，1、2、3。好，放松下来，两手自然下垂，肩膀下沉。

现在来放松双臂和手部，双臂放于身体的两侧，用力握拳，收紧双臂肌肉，坚持三秒钟，1、2、3。好，放松下来，两手自然下垂，肩膀下沉。

现在来放松颈部及肩膀，肩膀用力上耸，向脖子处收紧，坚持三秒钟，1、2、3。好，放松下来，肩膀下沉。

现在来放松脸颊及嘴唇，上、下唇紧闭，咬紧牙关，脸颊肌肉尽量收紧，坚持三秒钟，1、2、3。好，放松下来，嘴唇轻轻合着。

现在来放松头部及额头，头部尽量上仰，额头紧紧往上推挤，让其产生皱纹，收紧头皮及额头，坚持三秒钟，1、2、3。好，放松下来。

现在按照从上到下的顺序再来放松一遍：

现在来放松头部及额头，头部尽量上仰，额头紧紧往上推挤，让其产生皱纹，收紧头皮及额头，坚持三秒钟，1、2、3。好，放松下来。

现在来放松脸颊及嘴唇，上、下唇紧闭，咬紧牙关，脸颊肌肉尽量收紧，坚持三秒钟，1、2、3。好，放松下来，嘴唇轻轻合着。

现在来放松颈部及肩膀，肩膀用力上耸，向脖子处收紧，坚持三秒钟，1、2、3。好，放松下来，肩膀下沉。

现在来放松双臂和手部，双臂放于身体的两侧，用力握拳，收紧双臂肌肉，坚持三秒钟，1、2、3。好，放松下来，两手自然下垂，肩膀下沉。

现在来放松胸、背部，两手向前交叉抱胸，挤压胸肌，拉紧背肌，坚持三秒钟，1、2、3。好，放松下来，两手自然下垂，肩膀下沉。

现在放松腰、腹部，用力将腹部收缩，同时夹紧臀部，坚持三秒钟，1、2、3。放松下来，全身重量下沉于臀部。

现在放松大腿，将大腿夹紧，上抬，坚持三秒钟，1、2、3。好，放松下来。

现在放松双脚和小腿。双脚着地，或支撑在椅子上，脚面和脚尖用点力气向上翘起。坚持三秒钟，1、2、3。好，放松下来，体会双脚和小腿放松的感觉。

你可以按照以上的方式，反复练习肌肉放松。

5. 怡心呼吸训练

自主神经系统掌握着性命攸关的生理功能，如心脏跳动、呼吸、消化、血压、新陈代谢等。该系统也主要控制“应激”和“应激”反应。当我们采用一种特殊的方式呼吸时，会激发副交感神经系统兴奋。长期练习会增强自主神经系统的功能，实现交感神经与副交感神经的平衡。在面对压力、挑战或竞技比赛时，会让我们迅速保持一种积极、专注、愉快和放松的最佳状态。这种呼吸方式我们称之为“怡心呼吸法”。

下面我们一起来学习“怡心呼吸法”。

请选个舒服的姿势坐好或躺好，可以轻轻地闭上眼睛。尽可能地放松身体的每个部位。让我们来进行腹式呼吸。用鼻子吸气，缓慢而悠长地吸气，充分地吸气，气流从鼻腔进入肺部直达腹部，吸到肚子鼓鼓的。再用口、鼻同时吐气，肚子慢慢地瘪下去，缓慢而悠长地吐尽肺里全部的空气。调整深呼吸的频率，找到自己最舒服的呼吸节奏。

深深地吸气，深深地呼气，随着一次次的呼吸，身体越来越放松，松软得像一团面。吸气的时候，想象氧气充满身体，身体充满活力；呼气的时候，心中的压力与不快都被吐了出去，内心充满了平静。

就这样，注意力放在呼吸上，深深地吸气……深深地呼气……

我们来想象一下，来到大海边，听到了海水拍打海岸的声音。哗……哗……哗……这是大海的呼吸。它和你的呼吸是同频的，深深地吸气……深深地呼气……你和大海保持相同的呼吸节奏。

随着深深地吸气，深深地呼气，我们想象来到了海底的世界。太神奇了，原来海底世界是与我们生活完全不同的风景。我们感到那么新鲜、那么惊喜。这里完全是一个另外的世界。安静极了，没有一点儿声音。阳光照射下来，海水如此的清澈、如此的透明。海底的沙子这么的洁白、细腻。洁白的海沙上星星点点，点缀着形态和颜色各异的海贝。环顾四周，伫立着许多巨大的礁石，把整个海底世界烘托得神秘而如入仙境。五颜六色的珊瑚围绕着我们，轻轻地摆动着，像是在呼吸，也像是在向我们打招呼，你轻轻用手抚摸一下珊瑚，柔柔的、软软的，它好像也在抚摸你，摸得你手心痒痒的。成群结队的小鱼，色彩斑斓，形状各异，轻柔地、自由自在地围绕着我们游动，仿佛一伸手就可以摸到他们，你轻轻地伸手过去，快要摸到它时，它小尾巴一摆逃走了。你缓缓游动，希望能追上那一群美轮美奂的小鱼群，可是他们总是特别的机警，总能和你保持不远不近的距离。这是一个陌生的世界，我们从来不曾体验过这种寂静的、没有压力的、与世隔绝的境界。你感觉非常欣喜、非常放松。你努力体会这份美好与安宁，努力把它拍成照片，记录在自己的脑海里。你对自己说："这就是我的安全港湾，是我内心最美好的净土。"

6. 美好想象训练

现在让我们想象一下，渐渐放松身体，你将唤醒自己内在的超能量和潜意识，它可以让你忘记曾经的伤痛与苦难，抵达你一直憧憬和向往着的美好未来。体验你从未有过的幸福与快乐，找到内心的宁静与祥和，感受到温暖与平静。

请选个舒服的姿势坐着或靠着，身体自然放松、双手下垂或放在腿上，用怡心呼吸法的方式调整自己的呼吸，用鼻子慢慢地、深深地吸气，当腹部鼓起后稍微停留 3 秒钟，然后嘴巴微微张开，缓缓地、慢慢地呼气，对，就这样调整自己的呼吸，把注意力放在自己的身体上，感受腹部的起伏，在一吸一呼之间找到自己呼吸的节奏和韵律，感受此时此刻身体的舒适与放松。

也许你已经忘记了微笑和快乐是一种怎样的感受，甚至从未发自内心真正地对自己笑过，让自己开心快乐过。常常为了满足父母或他人的期待而努力学习和生活，感受不到真正地为自己活着。此刻，请你放松下来，这里绝对的安全和舒适，它可以让你忘记曾经的伤痛与苦难，它将唤醒你体内的超能量和潜意识，带你抵达你一直憧憬和向往着的美好未来。这里有你渴望拥有的一切和精彩纷呈的生活，你体验到了从未有过的幸福与快乐，找到了内心的宁静与祥和，感受到温暖与平静。你想象的这个精彩未来无论在这个世界或这个宇宙的什么地方，它都只属于你一个人，无人打扰。当然你也可以邀请你在乎和喜欢的人一起造访，按照自己喜欢的样子去装扮它，你可以随时找到这个地方，并且一直生活在这里，也可以选择随时离开。

在这个奇妙精彩、安全惬意的世界里，你可以见自己想见的人，也可以吃到梦寐以求的美食，这里所有的画面都是那样的温馨和谐，它的出现让你的世界瞬间有了光彩，照亮着你整个人闪闪发光，你感觉到了前所未有的幸福与快乐。如果你现在的注意力没有全部投入在这个世界里，出现了不舒服的感受，或者脑海浮现了一些画面。没关系，告诉自己，现在你只是有点儿疲惫，处理掉这些不舒服的感受之后你可以继续享受当下的宁静与祥和。现在，你已经找到了一个美好的、使你感到舒服、平静的角落让自己平静下来，继续感受这个世界里的一切美好。只要你有耐心愿意花一些时间，自己完全可以战胜和克服那些不舒服的感受和不好的体验。

现在，请你感受自己身体的变化，看看内心的这个世界是否真的存在，它是否让你感到非常舒适、非常安全，这是不是你内心一直渴望到达的那个世界？一个可以让自己完全放松和享受的地方？请你仔细环顾四周，仔细看看这里的一切，所有的细节。你看到了什么？你听到了什么？你闻到了什么气味？你感觉到舒服吗？你可以做任意调整，直到你觉得一切都非常舒服为止。这样你感到了完全放松、绝对安全和舒适，并且非常惬意。

接下来，请你认真体会一下此刻你的身体感觉到了什么？记住此刻身体的感受，这是你的精彩未来世界带给你的感受，是你用自己的超能量和潜意识打开的世界。请你尽量仔细地记住这里的一切，以便你随时可以找到它。只要你想起身体的这种感受，它就能随时把你带回到这个地方，让你迅速地放松和平静下来。

现在，请你将双手搓热，慢慢滋养温暖你的双眼，感受双手的温度可以舒缓眼睛的疲劳并让它变得更加清澈明亮。慢慢睁开你的双眼，动动你的头，动动你的身体，伸个懒腰，做几个深呼吸调整一下身体的状态，再用双手干洗一下自己的脸，舒展一下身体。

四、学习力与脑能力提升训练

1. 重点关注的脑电波检测指标

对于提升学习力和脑能力训练而言，通常需要先进行脑电波认知功能检测，看看相关的大脑检测指标的情况。

其中需要重点关注的指标有：

大脑负荷，该指标检测用脑思考和信息加工总量的多少，检测值在 50—70 比较好，太高或太低都不好。太低，说明不善于动脑，想得太少、太浅；太高，说明用脑量有点儿过多，留给进一步思考和信息加工的空间太少了。

敏感程度，该检测指标，表示对外界信息接收的灵敏度，有利于学习的正常值应该大于 15，太低的话，不利于学习内容的捕捉和仔细加工。

专注程度，表示看书和听讲等的注意力，最佳范围应该在 11—25。检测值太低，说明注意力不够集中；检测值太高，注意力短时间集中会很好，但是由于容易引起大脑疲劳而启动自动保护机制，长时间注意力水平会不好。

左右脑优势，代表习惯使用左脑加工信息和右脑加工信息的比例，左右脑比较均衡的检测范围是 80—120。数据分析表明，偏右脑优势的人，空间感觉好，艺术感知力强，直觉好，通常语文、英语等科目成绩较好；偏左脑优势的人，逻辑思维能力较好，对数字比较敏感，偏理性，通常偏向于数学、物理、化学成绩较好。

2. 缓解大脑疲劳训练

现在一起来做一个大脑放松练习，希望它能带给您放松、平静。

请找一个安静、空气清新流通的地方，坐着或躺着都可以。

首先来做紧绷后的放松练习。请闭上双眼，深深地吸一口气，然后憋住气，同时绷紧全身肌肉，躯干、双腿、双臂都要绷紧，脚掌和脚趾要紧紧抓握，手掌和手指要紧紧握拳，咬紧牙关，绷紧嘴唇，使劲儿地收缩眉心，绷到全身几乎要发抖的程度，绷住！然后，突然张口“哈”的一下快速呼气，同时快速放松全身各处。感受身体在紧绷到极致之后的全面放松。自由地呼吸，调整一下。 再来一次练习，深吸气，憋气，绷紧全身，突然呼气，全身放松。很好，反复这样练习紧绷后的放松五次。

接下来配合着双手拍打的动作做身体扫描。从下向上，用双手轻轻地拍打身体，依次拍打双脚、双腿、臀部、腹部、胸部、背部、双肩、双臂、双手、脖颈、面部、头部，如果感觉某些部位还比较紧张，就多拍打一会儿。注意拍打的动作力度要合适，尤其是拍打腹部和头部时要轻柔一些。感受随着拍打，身体各部位越来越柔软放松下来。随着躯干部位的拍打，这种柔软放松的感觉也来到内脏器官，感受腹部器官的柔软放松，感受心肺的柔软放松。反复练习身体扫描和拍打五遍。

最后，练习腹式深呼吸和一个简单的冥想。请坐好或躺好，缓缓闭上双眼，意识关注在呼吸上，一开始不加任何控制地自由呼吸，感受气体的进入与呼出。待呼吸逐渐平稳之后，意识关注在呼吸时躯干的起伏，感受起伏发生在哪里？是肩部？胸部？还是腹部？慢慢地让肩部和胸部的起伏少一些，而让腹部随呼吸起伏多一些，吸气的时候腹部鼓起，呼气的时候腹部落下。让腹部充分地柔软，起伏的幅度再大一些，这时的呼吸也会更慢、更深一些。保持着这样的腹式呼吸，意识关注在两眉之间，闭着双眼，看向两眉之间。在这里出现一片蓝靛色的湖水，湖面平静，湖水清凉。闭着双眼，一直看向这平静而清凉的湖水，非常平静、非常清凉。如果你的意识跑开了，没关系，再把意识拉回来，看向平静而清凉的湖水。渐渐地，意识里仿佛所处空间已不存在，自己已不存在，只剩这平静而清凉的湖水。慢慢的，湖水仿佛也不存在，就剩下平静而清凉。

3. 提高注意力训练

请找一个空气新鲜并且安静的地方，能够有双臂伸展开的空间，有站着和坐着的位置，并且有一面白墙或白板。再准备一张名片大小的卡片，颜色为纯蓝色。将卡片固定在白墙或白板上，高度与你坐着时的视线平齐。下面我们开始练习。

首先，分腿站立，两脚打开与骨盆同宽，双臂自然地垂放在身体两侧，放松身体。现在请关注你的呼吸，调节呼吸到自然而平稳，如果你感到睁着眼睛很难使呼吸平稳下来，那么可以闭上双眼。再次调节呼吸，感觉到呼吸轻松不费力之后，开始手臂配合式呼吸。双臂轻微地外旋，掌心朝外，然后随着缓缓吸气，手臂从身体两侧匀速向上抬，掌心朝上，吸气吸到尽头时，手臂到达头部上方；然后缓缓呼气，掌心朝下，自然屈肘，伴随着呼气，手臂从身体前方匀速下落，呼气呼到尽头时，手臂回到身体两侧自然垂放。继续这样的手臂配合式呼吸，缓缓吸气，手臂上举；缓缓呼气，手臂下落。每一次吸气时，请想象手臂上举将大量的新鲜空气都聚集过来，吸入身体；每一次呼气时，请想象伴随着手臂下落，这些新鲜气体从上到下被输送到身体的每一个细胞。尽可能放缓吸气和呼气的节奏，但不要超过你的身体能力，特别注意不要憋气。这样反复练习二十次手臂配合式呼吸。当身体内氧气充足的时候，大脑才会氧气充足；大脑供氧足了，它才能高效地工作。

二十次呼吸练习完成之后，请坐下来。闭上双眼，感受此刻的大脑，它是否变得轻松而简单，纷繁的思绪是否减少？

接下来进行凝视练习。坐在白墙或白板的前方，纯蓝色的卡片与视线平齐。你的身体安稳地坐着，脊柱保持立直，头颈中正，下颌微微回收。睁开双眼，看向蓝色的卡片，一直盯着卡片中的一点，视线固定，不要有任何移动。此时你的呼吸就像刚才做手臂配合式呼吸一样，缓慢而悠长。将你的注意力一直关注在呼吸上，保持这样缓慢而悠长的呼吸。同时将视线固定在卡片上一点，如果眼睛感到有些累，可以轻微地眨一下，然后再盯着那固定的一点。你可能有点儿坚持不住，不要放弃，你可以坚持得更久的，调节呼吸，眨眼缓和一下，接着盯住一点。当你调整好呼吸和凝视都达到平稳状态之后，开始数呼吸次数，一吸一呼为一次，坚持二十次呼吸。

二十次呼吸的睁眼凝视练习完成了，非常好！此时请你缓缓闭上双眼，接着做闭眼的凝视练习。视线看向眉心方向，仿佛那里依然有蓝色的卡片，保持视线一直集中在卡片上。关注呼吸，缓慢悠长地呼吸，再数二十次呼吸。

当二十次呼吸的闭眼凝视练习完成之后，继续保持缓慢悠长的呼吸，保持闭眼状态，视线只是看向眉心方向，前方没有任何物体。观察此时的大脑，轻松而安宁，什么都没有。停留在这样什么都没有的状态。如果你的大脑中不经意间又冒出一些思绪，那么请将闭眼状态的视线再次看向眉心方向蓝色的卡片，同时关注呼吸，默数呼吸次数，直到那些思绪自然而然地消失、大脑又回到什么都没有的状态。在这种状态下，不需要默数呼吸了，只是关注呼吸即可。这种什么都没有的状态下，大脑得到了最好的放松。充分放松后的大脑再工作时，才会有良好的专注力。

4. 开发左脑训练

选择一个安全的地方，尽量不要受到干扰，保持一个让自己感到舒适的姿势坐在椅子上，上身保持正直，双手轻轻地放在大腿上，轻轻地闭上眼睛，先让我们身心放松下来，保持平静的状态。

调整自己的呼吸，先做三次深长缓慢的呼吸，促使自己放松。

用鼻子深深地吸气，感受自己的腹部像充气的气球一样，慢慢地鼓起来。吐气，缓缓地用嘴巴呼出来，感受腹部往背部挤压的感觉。深深吸气，慢慢呼出来。这个过程中，你只需要关注自己的身体，将身体扫描一遍，感受从头到脚有什么变化？通过呼吸让自己全身放松，头部、面部放松，双肩向下沉感到放松，脊背放松，双腿、双脚放松。

深长呼吸后，调整到自然呼吸，感受在一吸一呼之间，身体的细微变化。

接下来要做的练习是，提升左脑的活力。我们的大脑是身体最重要的一个部分，它帮助我们感知世界，让我们有逻辑思维能力，使我们对事物有自己的思考和判断。

从小我们都在学习数数，知道了数的概念，知道左手一个苹果、右手一个苹果，一共就有两个苹果。

上学后，我们学会了更加复杂的计算，这就是左脑的能力。现在，我们开始进行一组计算，这组计算并不是很难，但是需要我们集中注意力，在大脑中进行运算。

好，我们现在开始。100 减去 7 等于多少？好，我相信你现在已经有个答案了，对，是 93，这并不会难倒我们。93 再减去 7 等于多少？好，等于 86。还是很简单。86 再减去 7，有答案了吗？很好，是 79。接下来，我会连续说出这些减法算式，你只需要在头脑中进行计算就可以了，不需要说出答案来，到最后的时候，我们再看看结果是多少。如果你在这个过程中，注意力受到干扰，或者有运算失误的时候，不要着急，只需要让意识随着呼吸回来，回到我们的练习中来，跟着我的引导继续进行头脑中的运算就可以了。好，下面我们开始连续计算练习；79 减去 7，72 减去 7，65 减去 7，58 减去 7，51 减去 7，44 减去 7，37 减去 7，30 减去 7，23 减去 7，16 减去 7，9 减去 7，结果是多少呢？结果是 2，好，这就是我们最终的答案，你算对了吗？

当我们从数字 100 减去数字 7 开始，进行连续的减法计算，最终我们会得到一个结果 2。如果你在这个过程中，有失误的地方，这也没有关系，因为这组训练并不是考查我们的计算能力，而是在这个计算过程中，使我们的左侧大脑能够充分地活跃起来。

5. 开发右脑训练

右脑的训练有很多方法。首先，我们可以进行手部的练习。右脑管理着我们的左手，而大部分人的左手使用频率都远低于右手，因此想要锻炼我们的左手，就需要刻意地去练习手部活动。比如在进行羽毛球或乒乓球运动的时候，刻意多使用左手，或者用左手多做一些手指操、手指游戏等。

右脑的功能，更多的是以图像的形式来进行的。我们来做一个小练习，帮助你更好地理解这种方式。

如果你手边有纸和笔，请你写下一个三位数的加法算式，然后要求在不能动笔的情况下来计算结果，也就是口算或者心算。你会怎么来计算它呢？我们知道，在小学学习这样的计算时，老师会要求学生列竖式，竖式可以直观地把每一组需要相加的数字按位数对应起来，这样计算就不容易出错。那么在心算的时候我们可以用竖式吗？当然可以，只是需要把这个竖式变成一幅图片放进脑海里。

现在，请你闭上眼睛，把注意力放在前额，仿佛那里有一个悬浮的黑板。此时，这个黑板上浮现出一个三位数，是你刚才写下的算式中第一个数字。这个数字由模糊到清晰，慢慢变得越来越亮，好像是夜间的霓虹灯，从内部发出光来。当你清晰地看到这张数字图片时，它已经深深地印在了你的脑海里。接下来，在这张图片的正下方，再次浮现出一张图片，是算式中的第二个数字。这个数字由模糊到清晰，慢慢变得和第一个数字一样亮。这时，你可以清楚地看到这两个数字，看到它们个位、十位、百位上下对应着，旁边闪烁着一个加号。然后，你从个位开始计算。你很清楚地看到每一个数字，因此，你很快就得出了结果。这个计算结果依然像一张图片一样，停留在你的脑海里，你可以很清楚地看到这三组数字，并把它们复述出来。

现在，睁开眼睛。发生了什么？刚才那竖式中的三个数字还在你的脑海里吗？试着把它们写下来，或者复述出来。

当你用同样的方法去记一段文字的时候，你会发现，你的记忆力似乎变好了。当然，你需要从少一些的文字开始，慢慢练习，慢慢增加长度。如果一开始就去记一长段文字，深深的挫败感可能会让你无法坚持下去。

如果你不太容易将数字或文字转化成图片，你可以从观察一幅画开始。

找一张你喜欢的图片，画面上的元素不要太复杂，又让自己看起来舒服就可以了。观察 1—2 分钟，然后闭上眼睛，想象刚才的画面慢慢地在眼前浮现。画面一开始或许是模糊的，等待一会儿，慢慢地，画面开始一点点变得清晰起来。你看到了什么呢？无论你看到了画面的一部分还是全部，它们都会深深地印在你的脑海中。当你睁开眼睛的时候，它们依旧会停留在那里。

现在，请你睁开眼睛，搜索一下刚才脑海中的画面，有哪些部分是清晰的呢?

如果你只看到了一部分，没关系，继续重复这个练习，直到能够在脑海中清晰地看到整幅图片。

接下来，你只需要坚持练习，慢慢增加难度，这样你的右脑功能就会越来越发达。

五、缓解失眠训练

1. 通过脑电波检测确定失眠的类型

本训练系统主要针对因心理因素导致的失眠问题。脑波检测系统根据检测结果，可将心理性失眠的原因划分为七大因素，然后针对不同原因引起的失眠，采取相应的大脑和自主神经功能训练。

通过脑波检测系统检测，对失眠原因分类:

Ⅰ型：过度思虑型，胡思乱想耗神太多。

Ⅱ型：紧张兴奋型，敏感度特别高，坐立不安，急躁易怒，心慌激动，惴惴不安。

Ⅲ型：情绪低落型，对什么都没兴趣，萎靡不振，退缩害怕，委屈。

Ⅳ型：神经衰弱型，提不起精神，白天不兴奋，晚上不困倦，忽冷忽热，怕冷、怕热、怕刺激。

Ⅴ型：敏感多疑型，受不了一点儿打击，平时看着还可以，有一点儿事情就崩溃，特别容易情绪化，特别容易受外界影响，有一点儿刺激就哭。

Ⅵ型：综合型，以上两种或几种的混合型。

检测结果与失眠类型的对应关系:

脑与自主神经检测 / 失眠类型	心能	交感	副交感	神经活性	思虑	紧张	低落	敏感
Ⅰ型					√			
Ⅱ型		√				√		
Ⅲ型			√				√	
Ⅳ型	差			低				
Ⅴ型								√
Ⅵ型	U	U	U	U	U	U	U	U

注：U代表可能出现的几种异常指标的复合。

2. 改善失眠的训练方案与计划

一个中心：教育和激发训练的动机（温馨、安全、依恋、自爱、亲密）；

二个平衡的训练：自主神经平衡训练和左右脑平衡训练；

三种技术基本心理调适技术：肌肉放松技术、怡心呼吸技术和积极思维技术；

四项脑能力训练技术：专注能力、放松能力、抵抗干扰能力、思绪排空能力。

每6次为一个训练周期，每次训练时长40—60分钟，每周训练不少于3次。大量临床经验表明，一般受训者1—4个训练周期显著改善睡眠状态，训练效果持久。

训练优势：

技术科学化、标准化、规范化、流程化；

集合了音乐、正念、催眠、冥想、脱敏、心理暗示等多种治疗手段；

智能化引导与训练策略；

训练指标丰富、精准、细化；

训练过程有趣、效果可视化；

训练结果可前后对照；

效果显著、明确而直观。

六、疏导焦虑、抑郁情绪训练

1. 通过脑电波检测确定情绪状态

通常脑电波检测，可以确定受训者是否存在焦虑和抑郁的情况，也可以确定焦虑和抑郁的程度如何。这种客观指标的检测，不需要被检测者做过多的配合，被检测者也很难左右检测的结果，这比传统的检测量表具有很大的优越性。

其中需要重点关注的指标：

紧张兴奋指数，代表被测试者大脑兴奋、情绪激动乃至紧张、焦虑的程度。正常值应该小于 15，16—30 为轻度偏高，31—45 为中度偏高，46 以上为重度偏高。中度偏高及重度偏高则需要进行训练干预。

情绪压力指数，代表被测试者情绪抑制，有难题需要解决的心境状态。正常值应该小于 15，16—30 为轻度偏高，31—40 为中度偏高，41 以上为重度偏高。中度偏高及重度偏高则需要进行训练干预。

2. 思绪排空训练

首先请找一个远离喧嚣的僻静位置，这个地方一定是没人能打扰您的地方。现在请找一个合适的地方坐下来，请调整您的坐姿到自己觉得最舒服的状态，坐直是最好的，但是如果想躺下也可以的喔，只要保证姿势舒适，不会影响注意力就可以了。

现在请您先把注意力集中在呼吸上，留意吸气和呼气的感觉，当空气经过鼻子或嘴巴时，您感觉是冰凉的呢？还是有刺痛感呢？

不管怎样，这都是我们身体的感觉，非常正常，请继续持续一段时间，然后这些感觉就不会存在了，请享受当下的呼吸，因为有了呼吸才有了我们美好生命的神奇存在。

呼吸时请注意空气进出肺部时胸部和腹腔的起伏，不要强迫或控制您的呼吸，只需保持自然呼吸状态就好。非常好，您的呼吸越来越均匀了，越来越顺畅了，您感到自己的身体是否越来越轻盈了。

如果在这个时间段，您会发现自己的思想在走神儿，并开始思考各种事情，不论是思考现在身体的感觉，或者过去未来很多事情，这都是正常的，请您接纳它们，让它们自由地在您脑海中闪现。

同时请您要重新开始注意自己的呼吸了，呼吸时注意空气进出肺部时胸部和腹腔的起伏，不要强迫或控制您的呼吸，只需保持自然呼吸状态就好。对，就这样，慢慢地、深深地吸气，再慢慢地、深深地呼气……

非常好，您的呼吸越来越均匀了，越来越顺畅了，那些闪现的思绪越来越少，越来越少……现在它们已经完全不见了。您感到您的内心越来越宁静、越来越祥和。

如果您的思绪还在闪现，可能您需要慢慢地、深深地吸气，再慢慢地、深深地呼气，把注意力放在自己的身体，体会身体的状态。

一次又一次地重复这样的过程，这是很美妙的，因为意味着您开始慢慢地帮助自己排空那些干扰自己的思绪，让那些让自己不愉快、不舒服的思绪慢慢远离您，现在那些不愉快、那些不舒服，随着您均匀的呼吸已经慢慢地从您的身体中飘走、飘远，消逝不见。

3. 正面思维训练

在正面和负面的想法之间，找到一个平衡点，当我们失望到一定程度后，内心就会开出一朵花来，那朵花的名字叫“无所谓”。世上三件事：自己的事、别人的事、老天爷的事，我们能做到的只是管好自己的事。

关注我们内心的这些负面的想法，最好的方式就是接纳它的存在。今天再大的事，到了明天就是小事；今年再大的事，到了明年就是故事；今生再大的事，到了来世就是传说。

从那些负面的想法与事件中，找到正面的角度，相信自己，拥有渡过难关的能力。很多事，不是我想做就能做到的。很多东西，不是我要就能得到。很多人，不是我想留就能留住。把一切交给自然，保留心的怡然，看庭前花开花落、花满天，让自己停下来、静下来，自然也就全部放下来。

事件本身是客观存在的，而想法却是灵动的，把自己活成一束光，自信坦荡，光芒万丈。聚如一团火，散作满天星，点缀生活的苍穹。与其取悦别人，不如快乐自己，能把枯燥的生活，活出诗意，在凉薄的世界活出深情，才是不负此生。

我们一起回顾过去、展望未来，养成新的觉察习惯，增加真正活在当下的时间，以及在每一刻不带评判地保持觉知的能力，注入心能，关爱自己。纵然不能增加生命的长度，但是我们可以增加生命的厚度。带着质感去体验鲜活的今天，觉察自己的内心，丰盈自己的羽翼。我思故我在，无论你开不开心，生命就在你的手里，一呼一吸之间，时间悄无声息地流逝，当内省和觉察成为你每日的必修课时，你就会惊喜地发现，生命的美好。

百转千回之后，看山还是山，看水还是水。静观当下，一份正面的思考，会为你积蓄巨大的能量。爱自己，才能爱别人，当你自带祥光出现的时候，带给自己正能量的同时，周边一切亦感受到你的温润如玉。吸引力法则就是，美好的叠加、聚集的能量场，经营好自己的人生，就应从容一些。万事都慢慢来，不急躁，不自乱阵脚。慢一步，有时反而更接近目标。慢一拍，才能发现平时看不到的风景。

当我们愿意接纳那些“负面”感受，如同接纳温情、美好、宽厚、仁爱等感受一样时，我们与所有的关系才会变得真实自然，就能不断地成长，就能流畅地感受变化，生命的底色就会五彩缤纷。

每一个清晨、黄昏，都在心里把这段话用心地读一遍吧，让正面思考成为自动化思维！当你内心足够温暖，那就不会惧怕寒冬！

七、预防老年痴呆训练

1. 通过脑电波检测确定大脑活力

通常脑电波检测，可以筛查出大脑老化的人员。特别是对于功能尚好的初期脑老化者，检出率非常高。这很有意义，因为对于大脑老化问题，早发现，早干预，往往还可以逆转。即使不能逆转也可以通过训练延缓大脑老化的速度，预防老年痴呆的发病。

其中需要重点关注的指标：

大脑活力指数，代表被测试者大脑思维活跃的程度，反应是否有大脑老化的情况。脑活力指数 41—100 为正常状态，26—39 为轻度活力下降状态，21—25 为中度活力下降状态，0—20 为重度活力下降状态。大脑活力指数在 40 以下就需要进行训练干预。

大脑疲劳指数，代表被测试者高强度用脑或持续用脑不放松休息引起的大脑工作效率降低和反应速度降低的程度。大脑疲劳指数

0—20 为正常状态，21—30 为轻度大脑疲劳状态，31—40 为中度大脑疲劳状态，41—100 为重度大脑疲劳状态。大脑长期处于疲劳状态，不仅会造成学习和工作效率的低下，还会诱发大脑活力下降。

2. 自我探索训练

请找一个安静的地方，准备一些可以写字、画画的水笔、彩笔和白纸，再准备一个可以照相的手机。下面我们开始练习。

请坐好，闭上双眼。身体放松，自然的呼吸。想象自己站在一面大镜子前，仔细看看镜子里自己的样子，然后睁开双眼，在一张白纸上画出自画像。不必要求画的像画家一样好，只要能画出来即可，如果感觉哪些地方、哪些特点画出来有困难，可以用文字进行标注说明，如果中途卡住了，可以闭上双眼，再看看镜中的自己，然后睁眼接着画。自画像画完了之后，请打开手机的照相功能，不要使用美颜等工具，完全真实地自拍一张全身照片，然后将自画像与手机照片放在一起进行比较。可以从身材、容貌、衣着、表情、体态等方面进行比较。这两幅图各自有哪些特点？在这些特点中，哪些是你满意的？哪些是你不太满意的？哪些是你从现在到将来都无法再改变的？哪些是只要你从现在开始做点儿什么就可以改变的？再比较这两幅图中有哪些明显的不同之处？仔细想一想，造成这些不同的原因是什么？将这些问题的答案一条一条写下来。现在你是不是对自己外在特点认识的更清楚了？

接下来做第二个练习。请在一张白纸上画一个天平，在天平的左盘上写大写字母“E”，右盘上写大写字母“I”。然后闭上双眼，想象自己正在做一件平时最常做的事情。这件事情做得怎么样你是怎么知道的？你需要别人的评价来帮助你确定这件事做得好不好吗？还是你自己非常清楚这件事情做得怎么样？如果你自己认为这件事儿做得不错，但别人认为做得很差，你会有什么样的想法？你是否还会坚持自己的判断，并认为别人的看法有问题？或是你听到别人的评判后，就开始怀疑甚至否定自己的判断？现在请睁开双眼，在天平的左盘上把别人的评价对你做出判定的影响分量画出来，在天平的右盘上把你自己的想法对你做出判定的影响分量画出来，用 1 个圆圈代表 10% 的影响，你认为两种影响的占比有多少，就画出相应个数的圆圈。画完之后，看一看，这个天平还能平衡吗？ I 代表着内在标准，指的是自己的想法和判断标准；E 代表外在标准，指的是外界或他人的评价。太多的外在标准可能阻碍一个人自我意识的形成，做事情总是期望得到外在的肯定，还可能形成“讨好型人格”；而太多的内在标准又可能使一个人显得刚愎自用，听不得人劝。再看看你的天平偏向了“E”，还是偏向了“ I ”？现在你对自己内在认知特点是不是更清楚了？是不是开始思考怎样让心理秤的天平平衡一些了？

3. 抵抗干扰训练

也许此刻，你的耳边有一些声音，窗外的车声、人声，或者还有室内的其他声音。这些声音常常无意识地牵引了你的思绪，让你想到很多东西。此刻，你静静地聆听，就像聆听小鸟的叫声。没有一丝抗拒，只是去感受和聆听。同时允许他们的存在。你发现当你允许他们，不再关注他们，他们好像越来越远、越来越轻，渐渐飘散，就像远远的天上若隐若现的浮云。

也许此刻，你的脑海里也浮现出一些声音，他们或者在指导你什么，或者时不时想要冒出来提醒你。你感受到这些声音，似乎知道它们来自哪里。静静地聆听，就像聆听海边翻滚的潮水。你知道，这些声音很快会消散，也像潮水一样滚滚而去。你允许他们，并且愿意接受他们的善意，同时你也知道他们不能代表你自己。现在，轻轻地跟他们说声再见，随着这声再见，这些来自你内在的声音也变得越来越远、越来越轻……就像快要熟睡之际海浪在温柔地呢喃。这些呢喃已经无法听清，却让你的心变得放松、柔软。

也许，你的脑海里有一些画面，这些画面常常不由自主地浮现。它们有的来自曾经发生过的事件，有的则不知道来自哪里。他们是头脑播放的电影。现在，你看到这一帧帧画面光影流转，变幻来去。你知道，它们也一样，并不能影响到你。因此你平静温柔地看着，允许他们来去；你饶有兴趣地看着，好奇接下来的画面，可是你却发现，不知什么时候，这些画面也变得越来越模糊、越来越遥远，就像被水晕染过即将消逝，不见痕迹。

现在，你的内心变得越来越空灵、越来越宁静、越来越平和，仿佛一池安静的湖水，随着涟漪渐渐散去，变得自然又平静。一切的劳累、烦恼，都离你非常遥远。你平静的心像一面镜子，没有了任何的干扰和杂念。此刻，你的心就安住在自己这里，好像从来都是这样，那么自然而然，又那么坚实稳定，没有任何东西能够干扰到你。

感恩这份内在的宁静和力量。现在，我邀请你带着这份温暖坚实的感觉，轻轻地动一动你的手指，对，就是这样。接着，慢慢抬起你的双臂，搓热你的掌心，然后把你的掌心盖在双眼上，感受双手的温度。

4. 身体扫描训练

现在，你可以坐在椅子上或是躺在床上。请保持背部挺直，或是完全地贴在床上，调整好姿势之后，让我们按照怡心呼吸法的方式，先来做几次深呼吸。

深深地吸气，像是在闻一朵远处的花。感受气流通过鼻腔缓缓地进入你的身体，给你带来新鲜的滋养。缓缓地呼气，仿佛要去吹灭远处的蜡烛。想象在呼气的同时，你呼出了所有的疲惫和压力。好，再来一次，深深地吸气……缓缓地呼气……深深地吸气，缓缓地呼气……

随着身体逐渐地放松，现在可以把呼吸调整到自然的状态。跟随着呼吸，让我们来关注一下自己的身体。身体是心灵寄居的场所，忠实地和我们一生相依，但我们却常常因为繁忙，或者因为其他原因，而忽略了自己的身体。

意识来到你的双脚。双脚总是承担着整个身体的重量，毫无怨言地带我们去任何想去的地方。此刻他好像变得越来越重，越来越重，同时也越来越放松。带着爱和关照，对他们说：谢谢你，我爱你。

意识来到你的双腿，每时每刻，双腿都和双脚一起，支撑着我们身体的重量。现在，感受你的小腿、膝盖、大腿都变得越来越放松。他们也变得越来越重，越来越重，重得好想要陷入地板里面去。带着爱和关照，对他们说：谢谢你，我爱你。

意识来到了你的髋部，这个部位是身体重要的连接，他帮助我们负重，并让身体可以自如地转动。现在，放松你的髋部，感受他正在被平稳地支撑着，也变得越来越重，越来越重，越来越放松。同样的，带着爱和关照，对他说：谢谢你，我爱你。

意识来到了你的腹部和胸腔，感受你的心脏正在有力地跳动，其他的身体器官也正在胸腔当中，有机协调地工作着。而此刻身体的放松，让他们的工作更加地轻松而且富有生命力。带着爱和关照，对他们说：谢谢你，我爱你。

意识来到了你的双肩。平时，他们承担着太多东西，有时也会感到酸痛、感到紧张，却少有机会休息。现在，你的双肩卸下了所有的压力，变得越来越放松。带着爱和关照，对他说：谢谢你，我爱你。

意识又来到了你的双臂、双手。平日里，几乎所有的工作都离不开他们的紧密配合。现在，你的大臂、双肘、小臂、双手以及每一根手指都在放松，越来越放松。带着爱和关照，对他们说：谢谢你，我爱你。

意识来到了你的头部，这里是身体的司令部，负责平衡协调身体各部分的运作。此刻，你感觉到额头在渐渐舒展，眉毛放松了，眼角放松了，下巴和牙齿也在放松，后脑也变得放松。带着爱和关照，对他们说：谢谢你，我爱你。

现在你用意识走遍了全身，你感受到了自己身体的强大，感觉自己的全身上下、每个细胞，都被爱紧紧地包围，闪耀着明亮洁净、圆满无瑕的光辉。

过去所有的失落、焦虑、紧张、压力都在爱的拥抱下，完完全全地被净化了，完完全全地消失了 。现在你的每个细胞、每个组织、每个器官都发挥着他们最大的作用，互助互爱，彼此支持。你感觉到前所未有的放松和活力。

现在，轻轻动一动你的手指，慢慢睁开眼睛。伸个懒腰，感恩你的身体，你拥有了焕然一新的自己。

第六章 营养辅助心理健康

第一节
营养的价值

营养滋润众生壮，万物生长靠能量。作为万物之精灵的人类，需要博采万物之精华，营养就是这个汇集万物之有效价值于一身的精华。自始至终，伴随生命而存在的就是营养；自幼到老，一生都离不开营养物质的滋养。

营养不仅仅是个体生长、发育、繁殖的需要，还是疾病预防、治疗与康复的需要。伤我者病魔，愈我者营养；痛我者疾苦，乐我者营养。人类健康的第一要素是营养。维持良好的心理状态也需要营养的滋养，缺失营养或者营养不均衡也是导致心理健康问题的诱因。

那么营养，具体来讲，它有什么作用呢？

营养对机体有三个方面的影响：

第一个是影响机体的组成，比如说你的身高、你的体重、你的肌肉量、你的脂肪量，从小长到大，维持健康的身体，都不能缺少营养。

第二个是影响器官的功能，比如呼吸功能怎么样、心血管功能怎么样、肝脏功能怎么样、神经功能怎么样、消化系统功能怎么样、骨骼有没有疏松等都是取决于营养。

第三个方面就是心理精神层面的，我们能够正常地发挥你的心智，维护大脑正常的思维和生命活动，拥有正常的心理健康都取决于良好的营养。

相反，如果机体的组成发生变化，也就是体重减轻了，或者人体成分改变了，脂肪减少了、肌肉减少了，那么就是营养不良造成的。从功能层面讲，器官功能的障碍——肝功能障碍、心功能障碍、肺功能障碍、肾功能障碍等，很大程度上都是因为长期营养不良导致的。还有一个原来大家不会重视的，也就是心理精神的异常。从代谢角度上讲，我们的心理问题、我们的精神问题，都与代谢基础有关。所以说我们现在提出一个新的观念：心理障碍也是一种营养不良。

可能很难理解营养和心理有啥关联，简单地说营养物质中硒、锌、铁、铜、镁等矿物质的平衡可以改善抑郁情绪；钙、镁是抗压力的重要物质；新鲜的水果中的营养成分有利于改善抑郁状态。

第二节 了解你的营养状态

我们如何了解自己的营养状态呢？我们营养均衡吗？有营养不良的情况吗？没有精准的营养评估就没有精准的营养干预。营养评估的方法有很多也很便捷，不同的场景可通过不同方式监测营养状况。

家庭中，可以通过测量体重变化和日常被困扰的一些症状等了解自身的营养状况，现在的体重计也增加了很多功能如 BMI、脂肪率；在健康管理机构中，可做人体学测量、人体成分分析、营养诊断量表来了解营养状况；在医疗机构中，可通过血液检测微量维生素、矿物质或营养素的水平，通过CT来监测腹部脂肪量、肌肉含量，甚至营养代谢的基因分析等。以上不同的场景，营养诊断的内容和层次是不同的，可以综合进行。

营养量表评估方法有十几种，其中较为简单的有：主观整体评估法（SGA）、微型营养评价法（MNA、MNA-SF）等，我们日常可以根据一些症状来参考量表判断，必要时可以请营养师进行专业评估。

营养状况的评估包括三部分的内容：影响因素的评估、饮食状况的评估、身体状况的评估。

一、影响因素的评估：包括自身生理因素、心理因素及社会因素等

随着年龄、活动量和特殊生理状态不同，营养有所侧重。例如：婴幼儿时期生长速度快，就需要高蛋白、高维生素、高矿物质及高热量饮食；幼儿及学龄前期儿童是大脑及神经系统的发育的关键时期，应确保摄入充足的脂肪酸；青少年时期身体正在发育成熟，需摄入足够的蛋白质、维生素和微量元素如钙、铁、碘等来满足需求；老年人新陈代谢慢，每日所需的热量减少，但是对于某些物质需求是增加的，如钙、蛋白质等。

愉快、轻松的心理状态则会促进食欲。相反焦虑、忧郁、恐惧、悲哀等不良情绪可引起交感神经兴奋，抑制胃肠道蠕动及消化液的分泌，使人食欲降低。长此以往都会影响营养状况。

经济状况、饮食习惯、饮食环境也会影响饮食与营养。

二、饮食状况的评估

用餐时间、食物种类、用餐前后服药情况等都会影响到营养状况。

三、身体状况评估

1. 身体测量

体重的变化和体重范围，我们常用的简单计算方法：

标准体重（kg）= 身高（cm）−105

实测体重占标准体重的百分数结果 ±10% 之内为正常，增加 10%—20% 为超重，超过 20% 为肥胖，减少 10%—20% 为消瘦。

此外，体重和身高的比例 BMI 也可以判断体重是否正常：按照 WHO 的标准，体重指数 >25 为超重，>30 为肥胖，<18.5 为消瘦。

皮下脂肪的厚度：最常用的是三头肌皮褶厚度，男性 12.5mm、女性 16.5mm 为正常。

上臂围：可反映肌蛋白贮存和消耗程度，是快速而简便的评价指标。男性上臂围平均为 27.5cm。测量值 > 标准值的 90% 为营养正常，90%—80% 为轻度营养不良，80%—60% 为中度营养不良，<60% 为严重营养不良。

2. 生化指标及免疫功能的评估

血清蛋白质水平：对身体脏器内蛋白质存贮量的估计，正常值为 35—55g/L。

通过血液或体液检测营养成分分析、营养摄入是否足够和均衡，了解分析身体代谢的情况。

免疫功能不全是脏器蛋白质不足的另一指标，免疫功能测定主要包括淋巴细胞总数及细胞活性。

第三节
营养辅助心理健康

一、首先应该平衡膳食

1. 荤素之间平衡

有些人专门爱吃素食，有些人专门爱吃荤食，实际上都不是健康的饮食，健康的饮食是荤素搭配、荤素的平衡。

2. 种类的平衡

有的人爱吃某一类食物，就特别钟爱和偏食这类食物；不爱吃某一种食物，就采取排斥的态度，从来不汲取这一类营养。这种偏食和挑食的习惯就会导致摄入营养的不均衡，长期偏食和挑食就会影响身心健康。

3. 入和出要平衡

我们吃进去的热量和消耗的热量要保持一个平衡状态。入不敷出人就会越来越瘦弱，身体的抵抗力会下降。摄入多，不能通过运动等方式消耗热量，人就容易越来越胖。

4. 食物的平衡

谷物及薯类、蛋、奶、鱼、肉、豆、蔬果，一类都不能少，每一样都不能少。

食物的多样性非常重要。这个多样性，决定了肠道细菌的多样性；肠道细菌的多样性，决定了人体的健康，决定人体的平衡。很多的疾病，比如说过敏、哮喘，甚至心理障碍、自闭症，越来越多的研究表明跟肠道菌群有关系。那么为什么和肠道菌群会有关系呢？肯定是某个菌群多了，一些菌群少了，或者说平衡遭到破坏了。原因很多，主要是没有得到足够的良好的益生元，这些细菌没有被很好地喂养。所以从种类上讲，我们最好每天能食用 20 种以上的食品，每周能食用 30 种以上的食品。

二、营养与心理健康

1. 不同的情绪状态与营养

说到心理健康，就会联想到情绪，情绪是一种心理现象，如欢乐、忧虑、苦恼等。情绪是心理健康的一个窗口，情绪受很多因素的影响。如外在环境、自身生理健康等，容易被忽视的还有营养不平衡的因素。下面我们就列举一些营养不平衡相关的表象：

美国心理学家夏乌斯博士在《饮食・犯罪・不正当行为》一书中曾提到一个怪僻少年杰利。他从小多动，难以管教，9 岁时曾被管教一段时间，11 岁即因涉嫌犯罪而被法庭传讯。当杰利的父母听取营养学家的建议，控制糖类食物后，杰利的性格明显好转。

长期缺钙容易导致性格不稳定或心神不定；缺钙和维生素 B 的人，遇到不顺心的事，极易激动，甚至暴跳如雷。这种情况应多吃些含有钙质的牛奶、大豆及海产品，减少盐分及糖分的摄取。

通常缺乏维生素 A 和维生素 C 的人做事虎头蛇尾，应多吃含维生素 A 丰富的猪、牛、羊、鸡肉、鸭肝、牛羊奶、鸡鸭蛋等食物，还要多吃富含维生素 C 的辣椒、红枣、猕猴桃、山楂、橘子、苦瓜、油菜、豇豆等。

当心理压力过大、情绪不佳时，人体内所消耗的维生素 C 会比平时多八倍。此时不妨多食一些含维生素 C 高的新鲜水果和蔬菜，或者服用适当的维生素 C 片，这样会有助于消除心理症状，使心情好转。

当无名火上心头，无缘无故地想发脾气的时候，尝试吃些富含钙质的食物，如牛奶、乳酪、鱼干及虾皮之类，或者直接服用钙片，过不了多久，你便会感到自己的脾气渐渐变得好了起来。

富含维生素 B 类的食物，对纠治心情不佳、沮丧、抑郁症亦有明显的效果。特别是 B 族维生素类有一种烟酸更能减轻焦虑、疲倦、失眠及头疼症状。

所以说营养可以帮助调整情绪状态，让有益身心的食物帮助你转换情绪，消除心理障碍。

2. 食物营养对情绪的影响

食物中包含的化学元素能够对身体的某些机能有影响。例如含糖量高的食物对忧郁、紧张和易怒行为有缓解作用，这可能与体内血管收缩素“ 5—羟色胺”有关。这种物质类似化学“信使”，能将信号传送到大脑的神经末梢，使人的心情变得安宁、快活。

酸性食物多含有较高的非金属元素，如硫、氯、磷等。正常人体的血液应为弱碱性，过多的酸性食物的摄入形成的“酸性体质”不利于人的正常思维活动。

盐类富含金属元素，如钠、钾、钙、镁等阳离子，金属离子是神经传导的重要递质，也可以说是理性思维活动的重要环节。

3. 身体代谢不平衡对心理状态的影响

身体代谢不平衡的原因很多，也很复杂。我们在这里介绍几种常见的影响心理状态的身体代谢不平衡问题，他们与营养摄入的关系、表象和解决方向。

（1）首先是血糖的问题

血糖水平的波动是众多心理健康问题中最普遍的情况，表现为对甜食或是刺激性食物如茶、咖啡和香烟等所有能够影响你血糖水平的食物有渴求感。血糖波动会引起注意力难以集中、慢性疲劳、频繁的情绪波动、健忘或易把事情混淆、有抑郁倾向、焦虑和易怒、嗜甜食或刺激性食物等症状。如果有以上倾向我们可以进行血液检查，看看是否有血糖代谢不平衡的情况。随着越来越多的人出现血糖代谢障碍，相关的一些疾病，如肥胖症、衰老性的记忆力减退、早老性痴呆症、心脏病和糖尿病的发病率都有所增加。

下面是一些简单的做法，可以帮助你平衡血糖：

避免摄入糖和含糖食物；

早餐要吃一些有饱腹感的食物，如粗杂粮、薯类、芝麻和小麦胚芽，或一个鸡蛋；

提高膳食纤维摄取量，纤维可以保持你的血糖平缓。多吃高膳食纤维的新鲜水果和蔬菜。如香蕉、苹果、橘子、猕猴桃；莲藕、茼蒿、西蓝花等；

增加维生素和矿物质，一些维生素和矿物质可以帮助调节血糖水平，包括维生素 C、复合 B 族维生素，特别是维生素 B_6、矿物质镁和铬。

（2）肠道功能不平衡影响心理状态问题

常见的因素之一食物和化学物质过敏以及不耐受。如果每天都出现情绪波动，或是没来由的情绪时好时坏，可能是你对所吃的食物有反应，与心理健康问题有联系的最常见食物是小麦，其他可能产生过敏的食物有乳制品、橘子、鸡蛋、麸质、发酵食物、贝类、坚果、牛肉、猪肉和洋葱等。食用色素，如柠檬黄和其他化学添加剂也会产生问题，一些人会对茶和咖啡产生不耐受。酒精会刺激肠壁，使肠道壁具有更大的透过性，会增加对食物的敏感性。这种对食物的敏感是长期的慢性过程，从而产生一些相关症状，并不是一种急性的过敏反应。如下列症状：

幼时有湿疹、哮喘、皮疹或者耳炎，经常出现情绪波动，没有特殊原因的重度抑郁，频繁、速发的感冒或鼻塞，眼皮水肿、黑眼圈或眼周围颜色异常，多动症，诵读困难或学习困难，频繁发生侵略性行为或哭骂行为。

在不吃上述食物后感觉良好，那么可能是这些食物或是过敏或不耐受的化学物质的问题。最好是咨询临床营养医师或医生，可以指导你怎样戒断可疑食物，还可以做相关食物不耐受的血液检测。

（3）荷尔蒙代谢不平衡对心理状态的影响

第一，甲状腺的活跃情况。

如果总表现得思维和行动迟缓，可能是甲状腺不够活跃，即甲状腺功能低下。如果你的甲状腺出现临床上的功能低下，医生会给你开甲状腺激素补充。但是，临床上血液检查常常不能检测出亚临床的甲状腺功能减退，而现实中又有甲状腺功能不足的表现，例如身心疲惫、抑郁或易怒、对寒冷不耐受或手脚冰凉、体重增加、肌肉疼痛、记忆力差等以上症状出现可能是由于甲状腺不够活跃。长期的压力、焦虑等应激状态可以增加甲状腺功能耗竭，因为压力激素皮质醇可以抑制甲状腺功能。建议到医院做血液检查和甲状腺超声检查，并咨询临床营养医师或医生，指导你吃支持甲状腺功能的食物和不能吃的食物。

甲状腺的健康还依赖于特殊营养素，其中最重要的是碘，碘在海洋食物和海草中大量存在，还有锌、硒和在所有蛋白质含量丰富的食品中广泛存在的氨基酸——酪氨酸。

相反，甲状腺过于活跃可能导致狂躁，过分好动和代谢过快。所以有这种情况的人普遍不会超重。如果你有这些症状，去咨询医生，并且检查甲状腺功能。

第二，肾上腺功能不平衡情况。

肾上腺和大脑共同制造了三种动力性的神经递质，分别是多巴胺、肾上腺素和去甲肾上腺素。肾上腺还制造皮质醇。过量的肾上腺素会造成压力和焦虑，而缺乏它则会产生相反的结果——没有精神、没有动力以及注意力差。可能有过高的肾上腺素或皮质醇水平的表象如易怒、紧张或焦虑、极度恐惧、失眠、头痛或偏头痛、肌肉紧张、烦躁不安等。另一方面，如果有下列相似症状，则可能是肾上腺素缺乏：抑郁、注意力难以集中、注意力维持时间短、缺少动力或目标、很难做挑战性的工作、经常感觉疲劳、不能应付压力、不合群等。

肾上腺素过量或缺乏都可以通过唾液来测定肾上腺负荷指数。对于高肾上腺素水平的人，应禁食刺激物和糖，提高 B 族维生素和维生素 C 的摄入量。如果是低肾上腺素水平，服用色氨酸补充剂可以得到好的效果。另外“抗压力”草药，如亚洲人参、西伯利亚人参或红景天也会有所帮助。

（4）维生素的缺乏对心理状态的影响

烟酸（维生素 B_3）、维生素 B_6、叶酸或维生素 B_{12}。这四种 B 族维生素是大脑最好的朋友，是大脑神经递质的润滑剂，特别是对于多巴胺、肾上腺素、去甲肾上腺素和 5- 羟色胺的效果尤为显著。这些神经递质是大脑将信息从一个脑细胞传递到其他细胞的化学物质。如果没有足够的 B 族维生素，大脑会产生让你狂躁的化学物质。

这些维生素帮助控制着甲基化反应，而这种将一种神经递质转化为另一种神经递质的化学过程，贯穿大脑和全身。一些人比其他人需要更多的B族维生素，所以最好是根据症状而不是通过血液检查来确定是否需要服用补充剂。下面是B族维生素缺乏的心理相关症状：

虚幻感；

焦虑和内心紧张；

不能冷静地思考；

多疑；

对疼痛的忍耐力很强；

听觉和视觉异常；

出现幻觉；

心理健康问题发作的时候伴有腹泻和皮肤问题；

频繁的情绪波动。

参考有上述症状倾向，应当提高这些B族营养素的摄入量，咨询专业医生。

（5）必需脂肪酸缺乏和不平衡对于心理状态的影响

如果除去水分，人的大脑有60%是脂肪，这个脂肪组织需要补充营养。哪些脂肪对大脑有益呢？必需脂肪酸Omega-3和Omega-6与大脑机能关系密切。而大脑脂肪的缺乏或不平衡与诵读困难、多动症、精神分裂一定和躁狂抑郁症有关系。

许多权威人士一致认为，我们总的脂肪摄入中，饱和脂肪酸不应超过1/3，至少有2/3不饱和脂肪酸。两类必需的脂肪酸，即Omega-3和Omega-6也需要大体上保特平衡，也就是保持1∶1的比例，而现在的平均比例更接近1∶20，Omega-6脂肪酸占极大优势。所以心理健康和其他健康问题的产生，不仅仅是因为不饱和脂肪酸的缺乏，还因为两种必需脂肪酸的不平衡。

为什么现代饮食中可能缺乏 Omega-3 和 Omega-6 脂肪酸？这是因为它们很容易在烹调、加热和食物加工过程中受到破坏。必需脂肪酸缺乏或不平衡对心理影响的症状如下：

过度口渴；

慢性疲劳；

诵读困难或学习困难；

多动症；

抑郁症或躁狂抑郁症。

参考有上述症状倾向，则最好是做一个血液检查来确定你的必需脂肪酸状况。对于大脑脂肪来说最好的食物：

Omega-3 脂肪酸：亚麻子、大麻子、南瓜子、胡桃、三文鱼、鲭鱼、青鱼（青背鱼）、沙丁鱼、凤尾鱼、金枪鱼和鸡蛋。

Omega-6 脂肪酸：葵花子、芝麻、南瓜子、玉米、大豆和小麦胚芽。

也可以通过服用补充剂来补充，如补充 Omega-3 脂肪酸可以通过摄入鱼油（至少 200 毫克 EPA 和 200 毫克 DHA），或是 1—2 大汤匙的亚麻油。

（6）重金属毒性对心理状态的影响

重金属在现代生活环境中普遍存在，人体内的平均含量比我们的祖先体内高 700 多倍。虽然自从无铅汽油出现之后，人体内铅含量过高的现象不是很常见了，但是有些人体内的铜含量仍然很高，铜虽然对人体来说是必需元素，但是当含量上升到某种程度的时候也会变成毒物。砷超标会造成中枢神经系统紊乱，而在吸烟者体内常常发现镉的含量很高，补牙材料中含有的汞可以导致记忆力丧失，而烹调用具中的铝与早老性痴呆症有关。如果对自己有怀疑又有下列症状倾向焦虑、极度担心或妄想症、恐惧症、注意力差或思维混乱、记忆力差、愤怒或情绪不佳、多动症、情绪不稳定、头痛或偏头痛、神经过敏等，建议进行金属元素的分析检测，检查体内是否有过量的有毒金属。这项检查还能测出一些重要营养素（如锌、镁和锰等）是否缺乏。

（7）神经递质的不平衡对心理状态的影响

第一，组胺不平衡。

组胺是一种常常被忽略的神经递质。一些人有先天性的代谢问题会制造出过多的组胺，可以使人产生强迫症和妄想症。高组胺类型的人代谢很快，而且利用营养素的速度也非常快。如果没有良好的营养，他们很容易出现营养素缺乏症，这将使他们陷入深度抑郁的境地，与高组胺症相关的症状如下：

头痛或偏头痛；

日光下容易打喷嚏；

容易流泪、唾液分泌过度或容易感觉恶心；

异常恐惧、强迫性冲动或偏执；

睡眠过浅；

抑郁或有自杀的想法；

内心紧张或是有被人驱使的感觉；

害羞，或像小孩子一样过度敏感；

有妄想或强迫的倾向。

可以通过检测组胺含量来确定。如果血液中的组胺含量很高，那么摄入维生素 C 补充剂会有好处。因为组胺是通过甲基化反应来解毒的，所以治疗时还要检查同型半胱氨酸水平。

组胺含量低与维生素 B_3、维生素 B_{12} 和叶酸缺乏相关，补充这些维生素会有很好的效果。

第二，5- 羟色胺不平衡。

有心理健康问题的人群中 5- 羟色胺的缺乏最为普遍。它与睡眠问题、精神错乱、好斗性及强迫行为的发生有关。症状倾向有抑郁，女性绝经以后焦虑、有挑衅或自杀想法、有暴力或冲动行为、情绪波动，包括经前综合征、有强迫症倾向、睡眠问题等说明你的 5- 羟色胺水平偏低。5- 羟色胺水平还可以通过神经递质检查来确定。如果你的 5- 羟色胺水平较低，可服用 5- 羟色胺酸（5-HTP）。它是 5- 羟色胺的前体，可以帮助重建正常的 5- 羟色胺水平。建议在专业医生的指导下使用。

第三，乙酰胆碱不平衡。

乙酰胆碱是大脑中用来学习的神经递质。乙酰胆碱含量低可以造成记忆力丧失和早老性痴呆症的发生。随着年龄的增长，乙酰胆碱的含量会减少。出现症状如梦境回忆困难、频繁做梦、思维困难、口干、记忆力差、健忘疲惫、注意力差、学习新事物困难等症状可能处在乙酰胆碱缺乏状态，可以通过神经递质检测来确定，可以补充使大脑健康的营养素，如磷脂酰胆碱、丝氨酸、DMAB（二甲基乙醇胺、焦谷氨酸盐和泛酸等的复合补充剂）。

（8）同型半胱氨酸水平对于心理状态的影响

高含量的同型半胱氨酸与抑郁症、精神分裂症、记忆力减退和早老性痴呆症有强相关性。例如，同型半胱氨酸高可以使早老性痴呆症的发生率加倍，而 52% 的抑郁症患者具有高同型半胱氨酸水平。过量的同型半胱氨酸会使你丧失维持大脑化学物质平衡的能力，开始感觉自己的思维支离破碎。可能出现下列症状倾向：

抑郁症；

注意力和记忆力差；

慢性疲劳；

睡眠问题；

有精神分裂症或早老性痴呆症家族史。

同型半胱氨酸水平可以通过血液检查。解决此问题的方法是维生素 B_6、维生素 B_{12} 和叶酸的摄入量，再加上 Omega-3 脂肪酸。

第四节 专业营养干预

一、通过饮食改善心理健康

我们知道了饮食不光在身体健康，同时也在心理健康以及保持幸福感上也扮演了同样重要的角色。那么怎样通过饮食来改善心理呢？

三个关键的饮食原则，可以改善心理健康和增加幸福感：

（1）饮食中要包括主要的五彩水果和蔬菜；

（2）饮食中要包括一些鱼类，特别是那些富含多不饱和脂肪酸的鱼油，如鲑鱼；

（3）饮食中要避免过量的卡路里。

有两份食谱已被大量研究证实与心理健康有关。被称为 pesco-vegetarian 的食谱，要求包括水果、蔬菜、坚果、谷物、豆类、蛋、奶制品和鱼（但不再含有其他肉类）——已被用于预防某些精神病理学，提高学术成绩，减少与年龄有关的认知能力下降的情况。

在一些研究中，地中海食谱——强调丰富的植物食物，豆类、精制谷物和鱼、吃水果甜点、用橄榄油烹饪，还包括适量的乳制品、酒，以及少数其他肉类——这份食谱被发现可以减少阿尔茨海默氏症和帕金森氏疾病的发病率。

在以上两份食谱中，相同点是都强调鱼类、蔬菜和水果，以及少量的肉类。虽然这些饮食食谱已经被一些研究所证实，但它们也许并不是唯一的可以改善心理健康的食谱。

还有一种公认的保护大脑有帮助的饮食方法——MIND 饮食，是地中海饮食与 DASH 饮食的结合。

MIND 饮食鼓励多吃以下 9 类食物：

以深颜色蔬菜为主，包含每天都要有绿叶蔬菜，两种以上非绿叶菜，如十字花科类、菌类等；

每周至少吃两次浆果类水果。常见的浆果类水果有葡萄、蔓越莓、蓝莓、黑莓、草莓、桑椹等；

适当吃些坚果，每天 10 克（去壳后）。吃坚果时应注意，要选择原味的，避免盐炒的、糖焗的或是油炸的；

多用橄榄油烹调。在用橄榄油的基础上，可以同时跟其他几种油混着吃，这样更健康；

多吃全谷物及薯类，每天 3 次，至少占主食 1/2。如燕麦、黑米、藜麦、糙米等，日常可以经常互换着食用；

适量摄入鱼类，优先深海鱼，如鲑鱼、沙丁鱼和鲭鱼等富含 ω-3 脂肪酸的高脂肪鱼类，以清蒸或者清汤口为宜，少煎炸；

每周至少吃两次鸡、鸭等禽肉；

每周至少吃四次以上含有豆类的食物；

葡萄酒每天 1 杯，红葡萄酒和白葡萄酒都可能对大脑有益，如果有饮酒的习惯，每天可以喝 1 杯（不超过 150 毫升）葡萄酒。

MIND 饮食限制 4 种食物：

限制甜点、黄油、加工零食，黄油、人造奶油一天少于 1 勺（14 克），烘焙糕点类尽量不吃；

限制奶酪类，每周不超过 1 次（或 40 克），尽量不吃全脂奶制品；

限制红肉，每周不超过 4 个手掌（包括厚度）大小；

限制油炸食品和快餐，每周少于 1 次。

澳大利亚有一项新的研究显示，长期坚持以绿叶蔬菜、鱼类、谷物等食物为主的 MIND 饮食，有助于保护老年人的记忆，预防痴呆症。

二、功能性营养补充剂

除了膳食平衡，我们依然需要一些营养补充剂，缺乏某些补充剂会导致心理健康问题。大脑是思维和意识的中枢，也是人体新陈代谢的重要体现。大脑的正常功能离不开营养物质的滋养和补给。多种营养物质或食物成分在中枢神经系统的结构和功能中发挥着极其重要的作用。有的参与神经细胞或髓鞘的构成，有的直接作为神经递质及其合成的前体物质，还有的与氧气的供应有关。如果供氧不足，就会影响大脑的思维活动。器质性改变是由于身体某一部位器质性病变或外伤引起的；功能性改变主要因为膳食状况、营养条件、不良嗜好和压力等引起的。其中膳食营养是最重要的影响因素。“辅助改善”的保健营养素简介：

脂类：脂类可以促进脑细胞发育和神经髓鞘的形成，并保证其维持良好的功能，改善记忆。不饱和脂肪酸、磷脂、胆固醇等脂类是构成细胞膜的基本成分，DHA 等是健脑的重要物质，磷脂代谢后分解出胆碱，后者是合成乙酰胆碱（神经递质）的重要原料。

蛋白质和氨基酸类：脑细胞的代谢需要靠蛋白质来维持大脑的各种运动状态。参与神经传导、负责信息传递的化学物质——神经递质也是由蛋白质的分解产物氨基酸或其衍生物所构成的。氨基酸的平衡是维持大脑正常活动与功能的重要条件，补充适量的氨基酸可以改善记忆。

矿物质和微量元素：钙、镁、钠、钾等协同维持神经的应激性。钙能保证脑力旺盛、工作持久、头脑冷静并提高人的判断力。缺钙可影响信息的神经传导，使神经、肌肉的兴奋性失调，人就会变得敏感，情绪不稳定，注意力难以集中，脑力工作不易持久。磷是脑力活动中的重要元素之一，参与生物氧化、调节能量和物质代谢。磷的化合物是体内的“储能器”，它是构成卵磷脂、脑磷脂等的重要成分，对维护大脑和神经细胞的结构与功能起着十分重要的作用。铁质，可使红细胞运氧的能力加强，脑组织供氧充足。人体缺乏锌会影响智力，妨碍正常的学习记忆功能。补充这些物质有助于改善记忆。

维生素：是维护身体健康，提高智力活动的重要营养素之一。如维生素 C 能保护生物膜，是保护脑功能的重要物质。B 族维生素尤其是维生素 B_1 参与碳水化合物代谢，产生能量，保证神经系统的正常功能。维生素 E 能维持脑细胞活力，抵抗不饱和脂肪酸的过氧化物对脑神经细胞的毒害，并能预防脑细胞衰退及脑力疲劳，改善记忆力。

中草药：中药中的茯苓、酸枣仁、龙眼肉、枸杞子、红景天、五味子等均有补脑、改善记忆的功效。银杏可以改善脑部血液循环，具有加速人的反应能力、提高记忆力和集中精力的功效，人参含有的皂苷可以提高脑力工作效率，增强对血氧的利用率，促进学习记忆。

营养不仅对心理健康有益，在良好营养基础上的运动更是如同猛虎添翼。营养美丽了人生的旅程，营养绽放了生命的花朵，营养托起了明天的希望，营养坚强了民族的脊梁。

第七章 运动改善心理健康

第一节
运动改善心理健康的神经生物学基础

越来越多的医学研究证实体育运动可以从生物学、心理学以及社会学多维度改善心理健康水平。轻症的患者可以从体育运动中获得显著的症状改善，甚至痊愈；重症的患者在药物治疗和心理治疗的基础上联合体育运动，可以显著提高疗效，同时也可以减少药物的不良反应。体育运动对身心的积极调控作用，覆盖了全生命周期。无论是儿童青少年或是成人以及老年人，均可以通过适合身体条件的规律的体育运动，显著改善心理健康水平。

尽管大脑的重量只占到体重的 2%—3%，但大脑需要的血液供应和能量供应占到全身“能源系统”的 20%。24 小时大脑不间断地工作，主宰着全身各个系统的正常运转。大脑是人类的生命中枢、智力中枢、情绪中枢、睡眠中枢、行为中枢。尽管过去的观点认为，大脑中的神经细胞一旦发育成熟，神经细胞不会再增加，只能随着岁月的流逝慢慢减少逐渐退化，成年大脑的神经细胞的重塑和再生几乎没有可能。但近年来的神经科学发现提示大脑的可塑性终身存在，即使老年大脑仍然具有一定的可塑性和代偿能力，这一现象被称为“神经再生”。运动可以有效地促进神经再生，增强大脑的可塑性。儿童期的体育运动可以有效地促进大脑发育。当代西方教育工作者提出了“生活体育”“健身而非竞技（fitness-not-sports）”的理念和教学方法并在青少年教育领域取得了可喜的成果；成年期的体育运动可以保持大脑的活力，降低身心疾病风险以及死亡率；老年期的体育运动可以延缓大脑的衰老，预防痴呆与老年期焦虑抑郁，提高幸福感，延长寿命。

2018 年 8 月在《柳叶刀》上发表的研究分析了来自美国国家疾控中心全美 123 万人口的数据。数据表明每周运动 3—5 次，每次运动 45 分钟的生活方式，显著地降低精神心理疾病风险 11.8%—22.3%。这些积极的改变从生物学层面均已得到证实。规律的体育运动，可以显著地改善负面情绪，提高心理弹性和抗挫折能力，促进人格完善，提升自尊与自信，提高人的社会功能以及生活质量。

2012 年美国精神病学会将运动作为情绪障碍的医学治疗手段之一，这标志着在精神卫生专业领域，运动疗法已经成为标准化的治疗手段。

在运动方式的研究中，神经科学的研究表明 8—12 周的有氧运动可以显著改善大脑功能。通过大脑的功能核磁共振（目前广泛采用的脑科学研究的神经影像学技术）的研究发现，中等强度的有氧运动，在大脑的主管情绪和认知功能的重要脑区，如海马、额叶、颞叶、边缘系统（主管情绪、智力、思维等高级复杂功能）都可以观察到显著的信号激活迹象。这些发现有助于理解运动带来的情绪改善和认知功能的提高背后的生理学因素。

美国哈佛大学医学院国际著名的神经精神科医生，同时被誉为研究大脑与运动关系领域世界一流的专家约翰·瑞迪（John Ratey）教授倡导的全球性运动改善大脑的理念风靡世界 12 个国家和地区，他被誉为全世界运动改善儿童健康，打造活力儿童的形象大使（活力儿童项目指针对 4—10 岁儿童在学校每周 2—3 次，每次40分钟的晨间体育运动，显著改善了儿童的身心健康和学习成绩)。他倡导的青少年运动健脑的行动在全美750所学校开展并取得了令人瞩目的成绩。他的新书《运动改造大脑》中谈到，运动可以健身，更可以健脑。运动是天然的健脑丸。神经科学家发现，运动可以调整失衡的大脑功能，还可以优化正常的大脑机能，运动有助于大脑发挥最大的潜能。美国科学家研究了216名3—5年级的学生，分别评估了他们的体能、注意力、记忆力和信息加工速度，同时评估了他们的脑电图，得到令人惊讶的结论：体能越好的学生，大脑认知功能越好，脑电图的电信号越活跃。

各种观察性研究发现，运动带来情绪的提升和思维的活跃，更加有创造力。运动后大脑可以产生更多的多巴胺、内啡肽、血清素、去甲肾上腺素、乙酰胆碱、脑源性神经营养因子(BDNF)、胰岛素样生长因子(IGF-1)、血管内皮生长因子(VEGF)、成纤维细胞生长因子(FGF-2)，这些对大脑极其有营养的化学物质可以帮助人类保持积极稳定的情绪和良好的认知功能，抵御疾病和衰老。

运动不仅提升了大脑中的“营养物质”，更重要的是运动可以极大地促进了脑网络之间的连接，这是近年来运动改善脑功能机制最重要的发现之一。大脑中有860亿个神经细胞，细胞之间的联系需要通过各种“语言”沟通交流。他们的“语言”是一种电信号和化学信号之间的交流互动。神经细胞之间信息传输的速度越快、越稳定，大脑所能处理的信息量就越大，与之伴随的是学习工作效率提高，以及由此带来的神清气爽、思维敏捷、注意力集中、记忆力改善、稳定的精神状态和美好的内心体验。这一切大脑掌控人生的能力，可以从运动中不断得到提升。复杂运动技能的训练，可以使神经纤维表面的髓鞘(是指包裹在神经细胞轴突外面的一层膜，其作用是绝缘，防止神经电冲动从一个神经元轴突传递至另一神经元轴突。同时还有保护神经元轴突并提高神经冲动的传导速度的功能。髓鞘发育完善，被称为髓鞘化，它可以使神经兴奋冲动沿着神经纤维传导速度加快，并保证其定向传导。髓鞘化是形成记忆的一种方式，能增强细胞组织间的连接。）变得更厚，也被称为髓鞘化。完善的髓鞘化有助于传递更快速度、更高质量的神经信号，提高神经网络的工作效率。“孰能生巧”“老马识途”就是髓鞘化的结果。生活中看到的有些人在某一项复杂运动中表现出色，他们在其他项目中的领悟能力会更强，表现更出色，也与这个神经生物学原理相关。

大脑中有个特殊的结构左右对称，被称为海马体，形态很像大海里的动物海马。海马是大脑中独特的解剖结构，是人类信息存储的中枢，类似电脑的硬盘。海马的功能是将各种信息分类、整理、排序、存储，并将各种信息有效地联系起来，同时不断巩固存储的信息以备随时调用。海马体的海量存储和加工信息的能力，是我们思维和学习的基础。同时海马体与情绪的感知和内心的体验也显著相关。痴呆、焦虑抑郁、严重失眠等精神心理疾病的患者海马体积缩小，这是精神心理疾病导致认知功能减退的主要机制之一。体育运动可以促进动物海马体新生干细胞数量翻倍，就像计算机的硬盘升级增容一样，“海马体的增容”对智力发育和认知功能的促进无疑具有重要价值。通过上述复杂的生物学机制，运动可以有效地促进身体—大脑—心灵之间的连接，运动在增强大脑机能的同时，是精神和心理活动积极正向发展的“助推器”。

第二节
WHO 关于运动改善身心健康的指南

体育运动可以为一生的健康和幸福打下坚实的基础。如何科学安全地运动，2020 年世界卫生组织发布的《2020 年身体活动和久坐行为全球指南》给予了详尽的建议。

一、针对儿童及青少年的（5—17 岁）运动建议

每周平均每天至少进行 60 分钟的中到高强度的运动，以有氧运动为主。每周应有 3 天以上进行高强度的有氧运动以及增强肌肉和骨骼的运动。应限制久坐不动的时间，尤其是要限制面对带有显示屏的电子设备的娱乐时间。

二、针对成人（18—64 岁）的身体活动建议

一周中应至少进行 150—300 分钟的中等强度的有氧运动，或至少 75—150 分钟的高强度有氧运动，或同等效果的中等强度和高强度运动的组合运动。应该进行中等或更高强度的肌肉强化运动，锻炼所有主要肌肉群，每周两天或以上。一周中可以增加中等强度有氧运动至少 300 分钟以上，或进行 150 分钟以上的高强度有氧运动，或同等效果的中等强度和高强度运动的组合运动。

三、针对老年人（65 岁以上）的身体活动的建议

一周内应进行至少 150—300 分钟的中等强度有氧运动，或至少 75—150 分钟的高强度有氧活动，或同等效果的中等强度和高强度活动的组合运动。应进行中等或更高强度的肌肉强化运动，每周两天或以上。应进行多种形式的强度中等或更高强度的功能平衡和力量训练的身体活动，每周 3 天或以上，预防跌倒。可将中等强度的有氧运动增加到 300 分钟以上或进行 150 分钟以上的高强度有氧运动或同等效果的中等强度和高强度运动的组合运动。

四、针对妊娠期和产后女性的身体活动的建议

女性特别是产后女性是抑郁等精神心理问题的高危群体，WHO 针对这一人群的运动建议给出了明确的治疗方案。每周至少进行 150 分钟的中等强度有氧活动。建议各种有氧和肌肉强化活动的结合运动，增加轻柔的拉伸活动也是有益的。妊娠前习惯性从事高强度有氧运动或体力活动的女性，可以在妊娠期和产后继续这些活动。

五、针对患慢性疾病的成人和老年人的身体活动建议

具有躯体疾病的慢性病患者，当病情稳定后建议将体育运动作为医学的辅助手段。因为躯体疾病的特点不同，体育运动的安全性和具体方式需要在医生指导下进行，避免盲目大量的运动造成不必要的风险，确保在安全的前提下适度运动才能真正获益。每周应至少进行 150—300 分钟的中等强度的有氧运动，或至少 75—150 分钟的较高强度有氧运动，或同等效果的中等强度和较高强度运动的组合运动。也应进行中等或更高强度的肌肉强化活动，锻炼所有的

主要肌肉群，每周两天或以上。应进行多种形式的中等或更高强度的功能平衡和力量训练的身体活动，每周 3 天或以上，预防跌倒。如果没有禁忌证，患有这些慢性病的成人和老年人可将中等强度的有氧运动增加到 300 分钟以上，或进行 150 分钟以上的高强度有氧运动，或同等效果的中等强度和高强度运动的组合运动。

第三节 球类运动在改善身心健康中的重要价值

球类运动是有代表性的有氧运动。球类运动对全身代谢的改善、体重管理、肌骨系统的稳定协调和心肺功能的保护，同时延缓各脏器功能衰退具有重要的生理益处。球类比赛中的高潮低谷、顺境逆境，不仅历练了身体，更重要的是历练了大脑与心灵，这对全生命周期的个体，无论青少年还是成年人或老年人，都可以有效提高对压力和应激的适应能力。

一、气排球运动

众多的球类运动中，气排球运动是一项在中国具有广泛群众基础的体育运动。相对于硬式排球而言，气排球重量只有 100—150 克（硬式排球 260—280 克），周长 70—85 厘米（硬式排球周长 65—67 厘米）技术相对简单，老少皆宜。隔网运动相对安全，球体大、重量轻、球速慢，场地小（气排球场地 12 米 ×6 米、硬式排球 18 米 ×9 米）、比赛网高低（气排球网高男子 2.1 米、女子 1.9 米、男女混合 2 米。硬排男子 2.43 米、女子 2.24 米）的特点降低了运动中的风险和难度。不需要长期系统性的训练，即可以组织比赛，容易将球“打起来”。多人共同参与连续性强、间断少的特点，使得这项运动更加有趣味性，球友之间的密切配合和团队协作，为社交互动人际交往创造了最佳的练习场景，而对手之间的竞争也可以让球友们更好地学习如何友好和谐地参与竞争，在竞争中克服困难，超越对手，同时也超越自己。通过学习和训练，在球队中的表现力逐步提升获得的自我效能感、价值感、归属感和成就感以及对他人的信任感都是获得心理健康，人格完整的重要基础。在比赛中反复运用的技巧和战术，对大脑的神经网络和神经细胞产生丰富的信号刺激，有助于提高快速反应、灵活思维的认知能力。根据迁移理论学说，这些在气排球的训练和比赛中形成的积极的心理素质和良好品格以及优秀的大脑功能，可以应用到工作、生活和人际交往的方方面面，有效地改善生活质量和健康水平。

气排球运动的好处：

1. 强身健体

强身健体是气排球比赛活动的本质属性。比赛活动中的连续传球、垫球和进攻防守时的身体移动过程，可以增强人的呼吸和心血管系统的功能，使心肌的收缩更加有力，增加脉搏输出量，降低血管壁的脆性，延迟血管老化。比赛活动中的连续扣球、拦网时的跳跃使身体骨骼关节肌肉得到锻炼，可以增强骨骼的弹性、韧性和硬度，使关节和韧带的稳定性、柔韧性也明显提高，推迟骨骼的老化过程。气排球运动可以有效地改善和增强大脑神经系统的功能。通过对来球的判断和技术动作的练习，不断刺激和调整大脑神经活动过程的强度、均衡性和灵活性，增强脑细胞供氧能力。还可以改善神经系统的功能，使脑神经对运动神经的支配更加迅速和协调。在比赛活动中对攻防转换不同来球时的连续判断反应和身体快速击球动作，就会不断刺激和调整大脑神经活动过程的强度、均衡性和灵活性，使大脑对运动神经的支配更加迅速、准确和协调。

气排球比赛以其活动的竞争性、取胜目标的强烈吸引力、比赛活动形式的生动活泼，常常会吸引一些很少进行体育锻炼的人参与到比赛活动中来，使得健身价值更加突出。

2. 培养参与者的进取心

气排球比赛活动的激励作用是由比赛的对抗性所决定的。气排球比赛活动能激发参与者的进取心，培养他们克服困难、奋力拼搏的品质，有较高的激励价值。

气排球比赛活动是参赛者动作能力的较量。参赛者通常都以取胜为参赛目标，在比赛中都会全力以赴，力求最大限度地发挥自身所具有的各种能力，包括体能、技能、心理能力与智能。因此，参赛者在气排球比赛活动中，通常都会较大地动员机体的潜力参与角逐，承受一定强度的运动负荷。处于高度动员状态的参赛者的动作能力得到更好的锻炼和更集中的发挥，而且往往会通过一次次的比赛，逐步提高到一个新的水平。

气排球比赛活动不但提高参与者的气排球运动技能、促进身体机能、完善心理品质，而且也有助于培养勇敢顽强的性格、超越自我的品质、迎接挑战的意志和承担风险的能力，有助于培养竞争意识、协作精神和公平观念。气排球比赛活动对激励人们努力进取有着不可缺少的作用。

3. 感受快乐，愉悦身心

气排球运动趣味性高、娱乐性强、简单易行、老少皆宜，能使参与者感受到轻松欢快、愉悦身心。人们可通过气排球比赛活动在对抗中斗智斗勇，在与同伴的默契配合中、在战胜自我中得到美妙的快感和身心满足。同时它可使人们在娱乐中产生自信、自尊，满足人们交往、合作的需要，既能陶冶情操，又能娱乐身心。

气排球比赛活动还是一种传递快乐的媒介，它能够超越语言、地域和社会因素的障碍，让人们愿意接受和喜爱，在公平、公正的规则下，带给人一种既激烈、精彩、竞争又和谐、优美、健康的感受。参赛者通过不断努力，在比赛中体现的动作能力，表现出的更快的速度、更大的力量、更高的技巧、更多的自信、更娴熟的配合，其优美的表现形式，对观众有着巨大的吸引力。气排球比赛活动所具有的结果不确定性，也使观众产生了浓厚的兴趣，大大提高了娱乐价值。

4. 促进人际关系和社会和谐

气排球是集体的活动，是参与者以个人或群体的形式参与的活动。气排球比赛活动中通过不同的组合，各种形式的合作和对抗，人们相互接触、切磋、合作、对抗，使得个体与个体之间、个体与群体之间直接的人际关系得到广泛交流，使大家在玩耍和比赛中消除隔阂、化解争执，建立互信、友谊，以达到人际亲和、共建和谐社会的目的。

气排球运动的技术规格和竞赛规则，始终调节和约束着参与者的行为规范。参与者不仅要遵守规则，还要有责任心和协作精神，相互配合鼓励、团结一致才能感受到胜利者的喜悦和快乐。通过比赛活动，可以促使人们养成尊重别人、容忍对手等人际交往的基本准则，增加人与人之间的感情交流，有效改善人际关系。从而使参与者的社会功能、社会适应性和遵守社会规范的意识得到高度发展，在娱乐和健身中有效地促进了社会的和谐。

二、网球运动

全世界最顶尖的医学专业学术期刊《柳叶刀》专门研究了不同运动与健康的关系。该研究历时 5 年，调查了 1237194 名成年人的运动和健康情况，终于发现了对健康最有好处的运动不是跑步、不是游泳，也不是时髦的 TABATA 运动，而是挥拍运动！挥拍运动可以降低 47% 的全因死亡率。第二名是游泳，可以降低 28% 的全因死亡率。第三名是有氧运动，降低 27% 的全因死亡率。挥拍运动包括网球、羽毛球、乒乓球等，还有高大上的高尔夫球。挥拍运动对健康的好处远远大于第二、第三名的游泳和其他有氧运动。

网球属于世界上最好的挥拍运动之一，通过有效锻炼机体的肌肉骨骼系统、呼吸系统、心血管系统、免疫系统等，为身体带来诸多好处。

肌肉骨骼系统：打网球时下肢的奔跑、上肢的挥拍及颈部的屈伸运动使得全身诸多肌肉群得到了练习和伸展，既增强了肌肉的力量和速度，也改善了平时由于长时间工作和学习而处于不正常位置的颈椎和腰椎等疾患，且经常性的网球运动对于生长期的青少年，也将促进骨骼的生长而利于长高。

呼吸系统：打网球时，由于全身大肌肉群的运动使得机体处于兴奋状态，而伴随着呼吸的加快，这也有利于呼吸肌的加强及自身心肺的改善。

心血管系统：打网球时大肌肉群的动员使得全身新陈代谢加快，心脏及外周血液系统的循环活动也将增强，有利于机体自身心血管系统能力的增强。

免疫系统：打网球时对机体各个系统的促进和改善将增强机体

免疫系统的能力，使得机体拥有更强的抵御疾病的能力。

心理健康的好处：打网球，你会学到纪律、压力管理和体育精神。需要在压力下保持冷静，调节情绪，越是自信、专注盯球才能打好。在好球、失误的正负结果反馈中，锻炼自己的心理承受能力和心理调节能力。

网球是一项相对比较复杂的运动，需要学习的技术动作和技术环节特别多，还要掌握比赛的一些技（战）术策略，更要不断锤炼自己的心理素质。网球的水平可以不断学习、不断精进，是知行合一很好的践行。特别有利于大脑的锻炼和身体协调性的训练。网球运动的强度可以根据自己的身体条件和技术特点，自己主动掌握。可快可慢、可强可弱，可以竞技比赛，也可以和平拉球。因此，网球运动的运动生命比较长，很多八十多甚至九十岁的老人还每天坚持打网球。当然打网球将会给机体带来诸多好处，但一定要注意打网球姿势的正确及运动量的适宜，避免网球肘及网球腿等运动损伤的出现。

不要觉得自己运动天赋差或者年纪有些大了，担心学习网球太困难了，事实上只要坚持不懈，每个人都会不断进步，在网球运动中找到其乐趣，获得收益。由于网球运动的动作与我们平时的运动习惯和其他挥拍运动的差别特别大，网球和网球拍又相对较重，所以开始练习时一定要掌握好动作要领，最好请专业的网球教练系统指导，避免受伤和错误动作对技术进步的影响。

三、电子软式飞镖运动

对于不方便外出，或者不宜高强度运动人士，可以在家练习软式飞镖项目。这项运动不需要太大的地方，家里或办公室长 4 米、宽 2 米的地方就够了。电子飞镖盘悬挂于墙上。投掷飞镖后，可以通过手机 App 自动计算和记录成绩。可以现场多人轮流投掷，进行趣味比赛。也可以通过互联网手机互联，通过远程视频异地一边交流一边比赛。这样在轻松愉快中，锻炼了身体，增进了感情，缓解了压力。软式飞镖的头部是柔软材料制成的，不会对人员和器物造成损害。

飞镖运动的好处：

1. 缓解脊椎疲劳

投掷飞镖时身体处于放松状态，要求挺胸、抬头、收腹，主要靠腕、肘、关节的运动来完成击发动作。这样特别有利于姿态的重塑和缓解脊椎的疲劳。

2. 缓解视觉疲劳

飞镖运动要求眼睛节奏性地瞄准、放松，投镖时要全神贯注看着镖盘，美国眼科专家研究发现，长时间盯准目标进行训练，如射击、飞镖运动员视觉肌强度就比一般人强。

3. 锻炼细小肌肉

飞镖运动中主要参与收缩的肌肉和关节有指、腕、肘、肩关节、三角肌、肱三头肌、腕、指部肌肉等，细小的肌肉锻炼，就在你的一投一掷之间。

4. 锻炼精神集中能力

投镖一刻需要人全神贯注，做到手、眼、身、法、步协调配合，可以提高自身动作的准确性和空间的判断能力，培养良好的心理稳定性，锻炼人的果断、自信。

5. 提高大脑平衡力

飞镖要求做到“想哪儿打哪儿”，是大脑和肌肉“联动”的过程，久而久之，可以提高大脑的平衡和协调能力。长期飞镖运动锻炼，活跃脑细胞，减缓大脑功能衰退，调整左、右脑的平衡。释放大脑活力，强化逻辑思维判断和空间控制方面的平衡。

6. 锻炼心理素质

飞镖运动有竞争而无对抗，没有身体接触，既可单兵作战又可发挥团队精神，重技巧而轻体力，其中还有智谋的运用，这些既适合中国人的运动特点，又顺应知识人士的心理特征。

新东方创始人俞敏洪老师说：培养一个被社会接纳的人，比考上 100 个北大更有价值。美国著名教育家约翰·杜威说："一切教育的最高目的是形成性格。"作为孩子的家长，如果把投资时间、精力和金钱用来培养孩子参与体育运动的问题，上升到投资塑造孩子身心健康的目标上，就一定能在孩子繁忙的学业中，合理安排规划运动的时间。家长所做的这一切，对孩子的益处不仅仅是通过体育运动提升智力水平和生命活力，从而促进孩子学业的进步，更重要的是通过体育运动可以塑造孩子更强的情绪调节能力、更强的社会适应能力、更强的人际交往能力以及恰当的自尊、自信以及更强的自我效能感，这一切是孩子一生的财富。

体育运动可以连接家庭、社会、学校和个体，在全社会的资源整合的平台上，体育运动作为一种媒介载体和润滑剂全面改善个体的身心健康水平。体育运动不仅可以塑造发达的骨骼肌肉，复杂的运动项目特别是球类运动可以塑造适应环境能力更强的大脑。体育运动连接了人生的现在与未来，让我们一起在运动中感受到大脑提速升级带来的美好体验。

第八章

自为心理成长的人工辅助

第一节
人工辅助的分级

本书所述的心理健康和心理调适方法的理念，不同于传统的心理服务模式。由传统的来访者外求解决问题的模式转变为向自己心灵深处内求的方式。从来访者渴望寻找灵丹妙药和专家、神医解决自己的心理问题，转变为以来访者自己为主体，把自己看作问题的主人，把自己作为解决问题的内因。以“我”为主，外界的人和事都是我解决问题和困扰的外因。

有了这样理念上的变化，心理服务模式必将发生重大的改变。由传统的著名专家、权威机构为核心的心理咨询师、心理治疗师体系，发展为以来访者为主导以心理工作者为辅助的新模式。我们将这种模式下的心理工作者称作自为心理促进师。

自为心理促进师分为三级，第三级为初级，称为心理倾听师，简称倾听师；第二级为中级，称为心理训练师，简称为训练师；一级为高级，称为心理指导师，简称指导师。倾听师的主要作用是倾听心声，接纳宣泄和情绪。训练师的主要作用是借助科学仪器和科技手段，帮助选择最适合的工具和方法，引导自主、自助地通过自我训练和调节的方法缓解症状，提升能力。指导师需要系统学习心理学基础知识，主流科学的心理干预技术，积累丰富的心理服务经验；可以根据初始访谈，各类科学仪器及技术手段综合分析的心理状态；能够形成较为准确的个案概念化。一方面可以帮助分析面临的问题层级和性质，属于精神病性质和严重心理问题的客户，可以分辨和识别并转介。另一方面属于心理干预的，协助其制订自愈方案，在用户和训练师遇到问题时，能够及时给予有效指导。指导师还需要承担心理咨询师的工作，帮助通过心理咨询的方式解决心理问题。

第二节
第三级人工辅助——心理倾听师

一、心理倾听师的任务

当遇到如工作烦恼、亲子关系、亲密关系、情绪困扰、心理困惑等问题时，以专业、严谨的态度，通过电话、视频或面询的方式，接受倾诉，适时、恰当地给予适度地回应，给予适当的心理支持和反馈镜映。

二、心理倾听师的作用

满足倾诉的心理需求，促进把心事与内心苦闷的情绪一吐为快；

满足被重视、有人倾听、被理解、被接纳的心理需求；

当遇到心理困扰时，特别容易低估自己的内心力量，甚至会出现自我否定、非常自卑的情绪，特别需要获得值得信赖的心理倾听师的支持和鼓励。

三、心理倾听师的要求

热爱本职工作，坚定为社会服务的信念，钻研专业知识，增强技能，建立平等友好的关系。

坚持不伤害的原则，心理倾听师的主要工作职责是倾听来访者的倾诉，给予适度的、积极的镜映，不做介入和干预，确保不对来访者造成错误引导和不良影响。

有豁达的胸怀，尊重不同的性别、年龄、职业、民族、国籍、宗教信仰、价值观。

在服务关系建立之前，应当首先建立良好的人际关系，与之不得产生和建立倾听以外的任何关系，尽量避免双重关系。不得利用对倾听师的信任谋取私利，更不得对异性有非礼的言行。

心理倾听师在服务关系建立之前，应使来访者明确了解心理倾听工作的性质、工作特点、收费标准、可能的局限以及来访者的权利和义务。

心理倾听师应明确其工作的目的是促进来访者的成长、自强自立，而并非使来访者在其未来的生活中对心理倾听师产生依赖。

心理倾听师只有在得到来访者书面同意的情况下，才能对工作过程进行录音、录像或演示。

心理倾听师应当始终严格恪守保密原则，有关的个案记录、测验资料、信件、录音、录像及其他有关的信息，均应当在符合法律规范的要求下严格保密。

在倾听工作中，一旦发现来访者有危害自身和他人的情况，必须启动危机干预方案，防止意外事件发生。

四、心理倾听师的常用技术

1. 共情技术

共情也叫同理心、同感等，是站在对方的角度，理解和体会对方的情绪、情感、需要与意图的能力。共情首先是倾听师愿意站在对方的角度去用心体察，是一种工作态度。同时，共情也是一种能力，它会随着倾听师不断的工作体验而变得越来越强。倾听师能够准确理解对方的心理状态，并以适当的方式把这种理解以关切、温暖、得体、尊重的方式表达出来，对于与对方建立良好的信赖关系有着至关重要的作用。特别希望自己被理解和接纳，这是促使其自愈、增加改变动力的良药。

良好的共情包括三方面的内容：第一是针对陈述，倾听师听到的事实、观点、情况等，并请其指正是否完整和准确。第二是镜映倾听师感受到的感受，把听到的、看到的言行所呈现的背后的情绪、情感体验与分享并求证。第三是倾听师对整体的情绪、情感状态形成一个立体的印象和较为全面、准确的理解。

2. 分析式倾听技术

倾听师在与对方一起工作时，要用心倾听对方的表述，既要听懂他通过语言、表情、动作等所表达出来的直观内容，又要听出来在交谈中所省略的和没有表达出来的内容和含义，还要学会进一步分析其语言、表情、动作背后的心理动力。当然这个要求有点高了，需要系统地学习心理学理论知识，也需要在实际工作中不断锤炼。这也是倾听师成长为自为心理指导师的必由之路。

3. 反应式倾听技术

在来访者进行倾诉时，我常常开玩笑说作为倾听师就像相声表演里面的捧哏的，当然这样的比喻不太严肃，但是很形象。好的倾听师会让对方滔滔不绝、一泻千里地倾诉自己的心声。而有的倾听师让对方说上一阵就不知道说什么了，或者再也不想说了。这与倾听师的倾听技巧关系很大。

倾听师在倾听其讲述时，恰当使用“噢”“嗯”“啊”“是的”“然后呢”等的语言，并配合点头、目光注视、微笑等表情和正襟危坐、身体微微前倾、双臂放松自然下垂、双手轻轻搭在腿上等适度的身体语言，可以有效地促进良好的交谈氛围。

4. 提问的技术

倾听师在听对方讲述时，适当而恰当地提出问题，可以让对方感受到倾听师很认真，对自己的问题很重视。恰当的提问还可以帮助理清思路，诉说更详细、准确、不中断。

常用的提问技术分为两种，一种是开放式的提问，一种是封闭式的提问。

开放式的提问通常以“什么”“怎么样”“为什么”“能不能”“愿不愿意告诉我”等形式提问，这种提问方式往往需要发散性思维，用一般解释、说明、归纳、总结、描述的方式来回答。很难以一两个单词作答。这种提问方式倾听师可以收集更多的信息，也可以更多地掌握来访者的情绪反应，对事件的看法以及其思维和推理的过程。

封闭式提问往往出现在交谈内容比较深入，需要进一步澄清事实，缩小范围或集中讨论某些问题的时候。封闭式提问通常以“是否”“有无”等提问。这种提问方式，限制作答的范围，可以防止其漫无边际的叙述。在倾听工作中，一般不太多地使用封闭式提问方式，更不宜连续提出封闭式问题，容易让对方感到压力，会导致思维混乱而使倾听不能流畅、准确。

5. 适当表达的技术

在实际工作中，我们往往只重视倾听师对对方的了解，而容易忽略来访者也有适度了解倾听师的需求。只有双方彼此有一定的相互了解，才能建立更加信任、彼此舒服的良好关系。良好的关系更利于促进对方的康复和成长。在倾听工作中，倾听师适当的表达也是非常必要的。

（1）积极关注

当讲到积极的、正向的、好的情形和内容时，用一些话语如“嗯”“好”“不错”“理解”等，并配合以微笑、点头等给予鼓励和积极回应。

当爆粗口、表达负面情绪、错误理念时，倾听师可以给予更多的理解和接纳，行为和态度上宜采用漠视，似乎没有听到、没有感知的态度。

（2）澄清技术

当倾听师没有听清楚某一意思时，倾听师可以诚实地表示“对不起，我没听清”或“对不起，我还没太听明白”，以要求说明、解释或补充。当来访者表述的过于笼统、概括时，也可以用“您能不能具体谈谈”“能不能举个例子说说”等方式让其具体化。需要注意的是，对于伤害特巨大的痛苦和体验，来访者不愿意谈及细节的情况下，不宜马上采用澄清技术。

（3）一般化技术

在面对自己的心理问题时，会非常痛苦，思维会变得狭窄，注意力完全集中在自己的问题上。容易以偏概全，认为糟糕到了极点。出现非常担心、极度焦虑的情况。这时倾听师可以说：“根据我从事倾听工作的经验来看，您这样的情况很常见，不用担心，很多人都会有类似的情况。”这样会给对方很大的心理支持。

（4）自我暴露技术

上面讲过来访者也需要适度了解倾听师。因此倾听师在适合的情况下，可以适度地“自我揭示”。这种自我暴露分为两种，一种是倾听师把自己对来访者的看法、感受告诉对方。另一种是倾听师暴露与所谈内容有关的个人经验和教训。需要说明的是，这种自我暴露要恰到好处，暴露前倾听师需要想好暴露方式和内容对对方是否有积极意义。把握分寸的适度自我暴露常常能迅速拉近倾听师与对方的关系，让人备感亲切和温暖。

第三节
第二级人工辅助——心理训练师

一、心理训练师的定义

了解对方的身体、心理及职业能力状况。学习专业的心理训练原理、方法和操作技术。掌握各种先进、现代辅助心理训练的科学仪器和方法，不断积累不同类型的问题和不同性格人群的特征，以最快的方式、最小的代价促进和辅导对方心理痊愈的心理工作者。

二、心理训练师的要求

①心理训练师应有责任意识，在自身专业知识和能力限定范围内，为来访者提供适宜而有效的专业服务。如果需要拓展新的专业

服务项目，应接受相应的专业培训和能力评估。应定期与心理指导师进行业务研讨活动，定期接受服务技能督导。当自身的专业知识和能力以及所在场所条件不能满足服务对象需要时，应及时转介。

②心理训练师应当建立恰当的关系及界限意识。尊重来访者（包括其亲属），按照专业的伦理规范与服务对象建立职业关系，促进其成长和发展。

③应平等对待，不因对方的性别、民族、国籍、宗教信仰、价值观等因素歧视。

④应对自己的专业身份、所处的位置对来访者可能产生的潜在影响有清楚的认识；应努力保持与之客观的训练辅助关系，避免在训练中出现双重关系，不得在训练关系之外与服务对象建立其他关系，不得利用对自己的信任或依赖谋取私利。一旦训练关系超越了专业的界限，应采取适当措施终止这一训练关系。

⑤应当尊重对方的知情同意权，让对方了解服务的目的、主要内容及局限性、自身权益等信息，征得对方同意后提供服务。

⑥应当遵循保密原则，尊重和保护对方的隐私权；向接受训练的相关人员说明保密原则，并采取适当的措施为其保守秘密。但法律、法规和专业伦理规范另有规定的除外。

⑦以下情况按照法律不能保密，应该及时向有关部门和监护人、直系亲属通报：

发现有危害其自身或危及他人安全的情况时；

发现有虐待老年人、虐待儿童的情况时；

发现未成年受到违法犯罪行为侵害时。

⑧心理训练师应该参照《训练手册》管理办法，对心理训练过程作适当的文字记录。只有在签署书面同意书的情况下才能对训练

过程进行录音、录像。在因专业需要进行案例讨论或采用案例进行教学、科研、写作等工作时，应隐去那些可能会提示身份的有关信息（在得到书面许可的情况下可以例外）。

⑨心理训练工作中的有关信息需妥善保管，无关人员不得翻阅。

⑩处于急性期的精神病、有明显的自杀倾向的抑郁、严重的人格障碍，不宜做自为心理训练。

⑪ 有严重心理问题的如需要做自为心理训练，作为其辅助治疗的手段，需要有专科医生的医嘱方可进行。

三、心理训练师行为规范

①严格遵守国家的各项法律、法规，严格遵守心理工作者的各项规章制度，自觉执行操作规程和岗位职责，做到令行禁止，执行力强。

②培养正直的品格，确立大局意识，发扬团队精神，积极参加相关培训和学习活动。

③刻苦钻研业务，精通本职工作，熟练掌握各种训练系统和装备、器材的使用，不断提高自身的专业技术水平。

④讲究文明礼貌，仪容仪表，做到尊重他人，礼貌待人。坚持客户第一，微笑服务的原则。交谈时，语言文明，语气亲切，自觉使用专业术语，体现专业能力。

⑤严格遵守约定时间，不迟到，不早退，严格遵守训练设置，不随意增减训练时间。

⑥工作时着装整洁，大方得体。

⑦头发梳理整齐，颜面和手臂保持清洁，不留长指甲，手上不得佩戴夸张的饰物。不宜使用香味浓烈的香水。

⑧现场辅导训练时，要注意卫生，应保持身上无异味，口腔清洁，训练前不能喝酒或吃有异味的食品。

⑨不额外接收红包、现金，不乱收费。不欺瞒。

⑩爱护设备、器材等，节约用水、用电，有安全意识，消除火、电隐患，不得在训练区域吸烟。

四、训练方法及策略

（一）建立良好的关系

训练师正确的工作态度包括：尊重、热情、真诚、共情和积极关注。

1. 尊重

尊重是指把对方作为有思想感情、内心体验、生活追求和独特性与自主性的活生生的人去对待。尊重意味着接纳一个人的优点和缺点，而不是仅接受光明面，排斥其消极面；尊重意味着以礼待人：不嘲笑、不贬抑、不惩罚。对讲述的秘密、隐私，训练师应予尊重、保护；尊重意味着不把自己的价值观强加于对方身上，不站在道德制高点上指责、评判；对于暂时不愿透露而与训练密切相关的隐私，训练师应耐心等待，不强迫对方讲述；在信任关系还未完全建立前，在涉及某些问题时会有所顾虑、掩饰或犹豫，训练师应予以理解，并借助于尊重、温暖来消除顾虑。

2. 热情

热情是训练师助人愿望的真诚流露。训练师在进行心理训练工作时始终应充满热情、耐心，而不是漠不关心；训练师在叙述时应该做好倾听，循循善诱，不因表达的内容而批评指责；训练师在对方出现反复时应耐心、不急躁，不厌其烦、热情地帮助。

3. 真诚

训练师不戴假面具，不是在扮演角色或例行公事，而是表里一致、真实可信地置身于关系之中。训练师的真诚坦白可以提供一个良好的榜样和安全自由的氛围，能让对方感受到可以袒露自己的软弱、失败、过错等且无须顾忌，可以宣泄情感。

4. 共情

共情是指体验内心世界的能力，是站在对方的角度设身处地地理解。训练中某些人迫切需要理解、关怀、倾诉，训练师的共情可以起到明显的助人效果。表达共情除了使用口头语言，还应善于使用躯体语言，比如肯定的目光、点头等。

5. 积极关注

积极关注是训练师对言语和行为的积极、光明、正性的方面予以关注，从而使对方拥有改变自己的内在动力和信心。积极关注立足实事求是，帮助辩证、客观地看待自己。积极关注不仅仅是训练师积极关注，还应帮助对方积极关注自己，看到自己的长处和优点等，自己发掘自己内在的潜能和资源。

6. 重视强化的作用

心理训练技术更多运用行为训练法，因此强化作用在其中扮演了很重要的作用。例如在心理训练中，由于均匀的腹式呼吸，电脑画面发生变化，这种图像信号变化本身即是一种强化物，使当事人了解均匀的腹式呼吸是放松的有效方法，这种直观的图像反馈即强化有利于腹式呼吸习惯的养成。训练师也可以对正确或成功反应进行强化，常见的有言语肯定或身体语言肯定，如“嗯，非常好”“您现在的状态非常棒”、给予赞许的目光、点头等。如果是儿童，还可以给予适度的物质奖励，如奖励一个棒棒糖，或奖励玩会儿其他游戏，强化其行为。相反的，如果对方并未掌握技巧，电脑反馈显示出不佳信号时，则应发出安慰的指导语，如“对于大部分人来说第一次就完成训练是很困难的，需要一定时间的练习，所以不用担心”，“没关系，技巧的掌握需要时间，我们慢慢来”。

（二）学会服务不同类型的来访者

1.对心理训练技术不了解、不信任的来访者

我们可以具体分析产生不信任的原因，常见的原因：本来就缺乏对他人、社会的信任度；以前受过虚假宣传的欺骗；对于我们的服务人员、专家没有足够的信任感；对于机构呈现的布局和专业性的不信任等。

针对产生疑虑的原因，我们要保持诚恳的态度，实事求是地进行耐心细致的交流，要敢于面对问题和质疑。对于有知识有文化、对设备科学原理比较感兴趣的，我们要从系统的科学性、系统研发的历史、系统应用的成果等角度，通过PPT、视频、教材等内容，进行详细介绍；对于文化程度比较低、不太关心科学原理的，要让他们充分了解我们训练调理的方法和实际的效果，必要时可以让训练明星和其面对面交流，介绍经验，打消对方的顾虑；对于对人和环境不信任的，一方面我们要改善环境，通过专业的装修和装饰加上科普的宣传给对方亲切感、信任感，同时心理工作者要有一个清醒的认识，与对方建立关系是一切工作的重中之重。研究如何通过沟通，通过理解与共情，通过倾听，通过稳定技术，通过肯定技术，一般化技术等与对方建立起良好的关系。只要建立了良好的关系，训练调理工作就会顺利很多，效果也会更加显著。此外让对方选择喜欢的训练师也是一个很好的方法。

2.心急，希望问题一把抓，不想努力和付出的人

我们在实际工作中常常遇到这样的人，做什么事情都喜欢走捷径，喜欢投机取巧。对于失眠和焦虑等心理问题的调理也是如此。刚开始貌似很接受训练调理，然而在训练过一次、两次后就认为应该好了，但实际效果还没有呈现，便开始怀疑心理训练技术的效果，各种理由不再坚持训练。对于这样的人，我们在同意为其训练调整时就要做好充分的培训和教育，签好知情同意书。最好建立团体训练小组，在小组中大家相互支持、相互监督、相互促进，利用团体动力为其提供帮助。在遇到训练困难时要多指导，及时帮助其总结训练成果，哪怕每次只是进步一点点。多用身边训练效果良好的同伴来激励，及时化解心中的疑虑和困惑。

3.处于焦虑和抑郁状态，不能坚持训练的人

我们利用心理训练技术解决的心理问题，主要是针对一般心理问题的人，而这些人常常伴随有焦虑或抑郁的情绪。有的患者可能在现实中的困扰就非常严重，没有得到缓解，所以一方面状态很差，训练起来会很吃力；另一方面，现实问题的困扰会干扰他们训练的投入程度。面对这样的人，我们首先要和对方交流清楚，通过这样的训练可以改善睡眠，缓解焦虑情绪。双方要达成一致，共同认可以此作为双方工作的共同目标。等通过训练状态逐渐改善了，他们的心理能力得到了提升，更加有利于其心理困扰的解决。在做心理训练时，也要运用心理咨询的一般和常用技术，让受训者感受到被重视、感受到温暖、感受到被理解和接纳，这将有助于对方的训练效果。对于焦虑情绪非常明显的，要了解他们是不是看过专科医院的精神科，没有看过的要建议他们去就诊，总之，要在医院明确症状诊断和有医嘱的前提下开展心理训练，不可违反《精神卫生法》

的相关规定。

4.依从性差，各种怀疑和不配合的人

我们可以评估对方的依从性，按照依从性由高到低分级为A、B、C、D、E五类。我们重点开展A、B、C三类依从性好人员的心理训练，对于D、E两类依从性较差人群要特别慎重，如要开展心理训练，一定要好好沟通，充分计划好时间和做好面对困难和问题的心理准备，同时要给对方更多的培训和指导，保持高度的陪伴与沟通。

5.脆弱，一点困难和挫折都受不了的人

这类型非常常见，本来他们就是由于心理脆弱才表现出了失眠、焦虑等问题，于是他们做训练的时候完成训练任务就非常困难。有的时候尝试很长时间，训练画面都没有正向的回馈和激励。有的稍微改变了一点儿，心态一不稳定立刻又回到了原点。于是他们就会很受挫，特别是看到别人训练进程很快，就会产生失望甚至放弃的念头。

对于这类人，训练师也要做好足够的心理准备，与对方一起将大目标分解成一个个的小目标，一点一点引导对方进入训练状态。例如开始训练时，可以和对方制定只要能完成腹式呼吸训练，就是一个目标，之后能让画面有一点点改变就是一个目标等，以此类推。在稍微取得一点儿成绩时就给予积极的回应、表扬，在受挫时及时给予鼓励和陪伴。每次训练结束一定要总结当天训练的收获，双方共同明确下次训练的目标。

6.训练不得要领的人

常常有人问，需要多长时间才能熟练完成训练任务？其实这是一个不太好回答的问题。这与学习骑自行车、驾驶汽车类似，每个人的本体感觉能力不同，投入的时间和精力不同，领悟神经调控方法的快慢就有很大的不同。但是有一点可以肯定，只要用心刻苦训练，都能够掌握训练要领，最终完成训练任务。我们的训练师有时间也要多体验训练过程，体会训练的方法，同时要不断积累经验，根据检测报告呈现的问题和对方的文化程度、性格类型等进行有针对性的指导。鼓励训练困难的与训练完成好的一起交流，传授心得和体会。临床实践中发现，往往开始训练效率很高、很快进入训练状态的最终并不比开始训练见效慢、训练不得要领的更早解决心理问题。这就好比学车，学得快不一定最终成绩好、事故少，所以大可不必为训练进度的快慢过分担心。

7. 训练后感觉更难受的人

个别人看到别人通过心理训练解决了多年困扰问题的人，于是自己很心急，训练用力过猛。这样的人刚开始可能出现训练之后头晕、疲乏等症状，感觉比不训练时还难受。这是身体开始唤醒，肌体打破原来低水平平衡状态的一种正常反应。随着训练进展，体内神经递质和激素水平发生改变，身体敏感度发生了变化。可以在训练师的指导下，根据自己的身体情况，合理调整训练内容和强度。有一位 82 岁的老人，她就在训练中遇到了这样的情况，因为训练师的耐心引导与陪伴，她坚持了下来，在第 18 天终于找到了调控的方法，最终解决了自己十多年来的失眠困扰，摆脱了对安眠药的依赖。

8. 听话但不积极改变的人

这样的人是我们训练师比较头疼的。从表面上看，他们的依从性很好，让做什么就做什么。甚至当问到训练效果如何？有没有改善？为了讨好训练师他们会说“好，好，好”。问题都被掩盖了，训练师不易发现问题，训练迟迟没有进展和突破。面对这样的，要求我们的训练师对对方更加精细化管理，制定更加细致的训练任务和目标，引导其分析问题和总结经验。多问为什么、多探究训练的原理和多分析自己状态，把精力用在对自己身体细微变化的觉察上。

9. 见好就收、不想坚持训练的人

这类型的人往往对自己的身体健康并不太在意，他们往往事业心很强或是玩心很重，总是有更重要的事情需要去做，只有在心理状态非常差、身体非常难受的情况下才接受心理训练。有趣的是这些人往往非常聪明，很快就可以掌握训练要领，很快就能够改善自己的状态，然而他们总是见好就收，不坚持训练，不能使自己的良好状态得到巩固。面对这样的人我们要耐心地向他们讲清楚，大脑的改变需要一个过程，脑电活动的改变、神经递质的改变、激素水平的变化，开始训练时只是在主动调控与刺激下的改变。这时可能感觉到了身体状态的好转，但我们需要足够的时间将这种刺激下的分泌、抑制与改变转变成一种自动化的分泌、抑制与正向改变。因此，我们不能见好就收，而是应该乘胜追击，较彻底地解决自己的问题。

第四节 第一级人工辅助——心理指导师

一、心理指导师的定义与作用

心理指导师是在接受请求和以客户为主的思想指导下，协助解决各类心理问题的人。心理指导师的服务包括协助健康人群提高心理素质；协助心理亚健康人群解决心理困扰和生活问题，恢复心理健康；促进一般心理问题困扰的人康复，在医生的医嘱下辅助心理疾病人群康复。心理指导师运用心理学以及相关学科的专业知识，遵循心理学原则，通过心理咨询的技术与方法，帮助解除心理问题。心理指导师不仅需要学习和掌握观察、理解、学习、判断、表达、人际沟通方面科学的知识与临床心理咨询技能，而且还需要在具体的咨询过程中灵活施展自我控制、自我心理平衡、交往控制的素质与魅力。

二、心理指导师的职业技能要求

心理指导师与传统的心理咨询师的职业技能要求基本相同，二者最大的不同在于工作理念的差别。心理咨询师更多的是以专家、心理工作者为核心，应用自己的知识和技能为来访者提供专业、权威的服务。而心理指导师明确为核心，明确心理指导师是起到外因和催化的作用。鼓励以自己为核心主导整个工作过程。还有一点不同的是，心理指导师与心理倾听师、心理训练师一起成为解决问题的立体化、多层次团队，共同为对方所用，共同促进解决心理问题。心理指导师除了咨询和指导工作外，还要指导和业务管理心理倾听师和心理训练师的工作。

作为一名心理指导师，必须具备以下这些基本素质：

①良好的人格品质，充满爱心，以帮助别人为乐，热爱心理健康工作；

②善于倾听，有很好的共情能力，和蔼可亲，善于与对方建立良好关系；

③良好的语言表达能力和概括总结能力，能够快速把握问题的关键点；

④良好的接纳能力，对各种各样的问题尽可能地理解和包容，不带偏见，尊重每一个人；

⑤要善良与真诚，保持一颗慈悲心，做到胸怀坦荡，表里如一，言行一致；

⑥精益求精的精神，不断提高自己的理论知识和实践技能，形成自己的风格和指导体系。获得相关培训和考核，取得相关认证，持证上岗；

⑦心理指导师本身应当是心理健康的人，有良好的心理承受能力和心理调节能力。当然心理指导师因为与对方达成协议，对方是解决问题的主体而非指导师，因此对指导师是一种非常好的保护措施，可以有效防御指导师力不从心，资源枯竭的无力感。也有利于避免对方的问题击中指导师的某些心理弱点；

⑧心理指导师是一门专业，它有自己系统的理论体系、方法和技术。心理指导师必须系统学习基础心理学、儿童心理学、发展心理学、社会心理学、变态心理学、心理测量学、咨询心理学、临床心理学等方面的基础理论。并学习一些诸如精神分析、认知行动、人本主义、生物反馈治疗、家庭治疗、音乐治疗等咨询与治疗的方法和技术。心理指导师还需要勇于实践、勤于实践，只有在不断的工作实践中才能提高自己的经验，将理论知识与工作实际有机地结合起来，为对方提供精准、优质、高效的指导服务。

三、心理指导师的岗位职责

①以对方为中心，帮助制订自为心理调理计划；

②协助对方使用专业测评工具检测和评估心理健康状态和分析引起心理问题的深层次原因；

③指导心理倾听师，保证提供专业、有效的心理倾听服务；

④指导心理训练师制订精准化、个性化训练调理方案，指导对象和训练师在工作中需要提供的支持、产生的疑问和训练中遇到的瓶颈与阻抗；

⑤应用心理分析技术，准确把握心理问题的性质，确定是否属于一般心理问题，对于疑似精神疾病和严重心理疾病的人员，应当转介专业医疗机构为其提供帮助；

⑥以对方为中心，应用娴熟的心理技术，采用引导、启发、解释等方式，让对方意识到自己的问题所在，产生问题的原因。协助提升心理承受能力和心理调节能力，从根本上解决对方的心理问题；

⑦通过团体小组的方式，应用团体动力学优势，开展专项问题的团体小组活动，进行团体辅导；

⑧帮助对方在遇到紧急心理困惑或矛盾冲突时，给予必要的安抚和支持，最大限度减少心理危机、冲动事件和应激事件的发生。

四、心理指导师的成长之路

在十几年的心理咨询临床实践中我接触过很多同行，有一些来自大学本科、硕士、博士心理专业毕业的高才生，还有一些是原来从事其他领域的工作，已经有丰富的工作经验，在其他领域取得很好工作业绩的人员。大家抱着浓浓的爱心，希望应用心理学的知识与技能帮助大众解决心理问题，快乐工作，幸福生活。然而大家普遍有一种困惑就是经常会觉得力不从心，常常有很强的无力感。一位中年女性心理咨询师，一次接受心理督导时讲述她在做一个个案咨询的经历：已经做了五六次了，有一次她在依约坐公交转地铁去咨询室的路上，感到非常强烈的无力感，有一种很怕面对来访者的感觉。然后觉得饿，冲到一个小饭馆点了一份炒菜盖饭，一口气吃完了，到地铁站后还是觉得饿，看见有卖烤肠的，又吃了 4 根烤肠，下了地铁还是觉得饿，又连吃了两个煎饼。她自己觉得很困惑，为什么会吃这么多东西，为什么会这么饿。我们一般都会觉得咨询师很强大，来访者是脆弱的，通过这个故事可以看到，咨询师也都是普通人，也会有心理困惑的时刻。我们可以看到这也是传统心理咨询模式的一个误区，来访者觉得我信任咨询师，把自己交给了你，付了费，你是专家，你应该赶紧想办法尽快解决我的问题。而作为心理咨询师，也自然而然认为我作为专家，应该用什么心理学的方法和技术，尽快让她改变状态，尽快好起来。一个殷切期望，一个责任重大，工作起来都不轻松，用力的方向总有偏差。而且传统的心理咨询，把心理咨询师当作了救命人，期望很高，依赖心理很重，也就很容易失望。事实上很多来访者找过很多咨询师，觉得一次次失望，一个比一个不行，没有一个能解决“我”的问题。我们看到实际上是前提和出发点有偏差。

从另一个角度来说，传统心理咨询模式对心理咨询师的要求也太高，这是因为：

要成为一个合格的心理咨询师，需要学习很多的理论课程，包括心理学伦理、基础心理学、普通心理学、实验心理学、心理统计、心理测量、生理心理学、人格心理学、社会心理学、认知心理学、发展心理学、变态心理学等。同时还要了解和掌握心理学发展历程中形成的主要流派及其特点，包括精神分析、认知行为、人本主义、格式塔、生物学派、萨提亚、积极心理学、后现代等。要掌握一些常用的方法和技术，如倾听、共情、面质、解释、澄清、表达、自我暴露、积极关注，还有一些常用技术，如沙盘技术、催眠技术、绘画治疗、音乐治疗、团体咨询技术、神经反馈技术等。

从以上的罗列中我们就可以看出，心理咨询师需要长期、系统地学习，才能形成自己的理论体系和咨询风格。不掌握牢固的基础知识，只学个一招半式的皮毛，不理解每种疗法深刻的内在原理，不可能做好求助者的服务工作。

有了以上的专业知识还不够，最起码还要有两种能力和阅历。第一种叫懂人，就是你需要了解不同生活环境、不同工作性质、不同社会阶层人的特点和状态，这就需要你有丰富的社会阅历，对这些文化背景和社会背景没有深刻的认知，不可能做到与求助者的准确的共情，也很难让求助者真正感觉到你了解他（她），懂他（她）。第二种叫悟性，每一个求助者都是一个非常复杂的系统，其经历的和想到的往往非常复杂，充满矛盾。我们在和求助者交流时往往求助者说很多，头绪很乱，我们如何可以灵活运用学到的知识，透过现象看本质，找到求助者的问题根本和症结所在，形成个案概念化，然后采用最适宜的技术帮助求助者，这是需要非常强的功力的。

当然，熟能生巧，一个新入行的心理咨询师只要有机会不断接个案，再有一个优秀的前辈给予良好的督导，以上的能力和阅历方面就会不断成熟。问题是哪里找这么多个案，让您来练手？要知道每一次不成功的咨询过程都会令求助者感到失望，这样的事情多了，就会对整个心理咨询行业的口碑造成不良影响。同时，一次次的自己不满意的咨询过程也会给新入行的咨询师造成伤害，会怀疑自己的能力。有很多心理工作者年复一年学习了很多知识和技能，但是一直不敢接咨询个案，只能做一些助理、辅助的工作，担心自己还不行，由于责任心太强，怕对求助者造成伤害。找督导师指导吧，一方面能力强、有经验的前辈都很忙，没有时间带很多学生。另一方面督导的费用都比较高，一般学员承担起来也很吃力。

而心理指导师不同于心理咨询师，它首先明确了对方的主导地位，是解决问题的主体。心理指导师只需要起到辅助、专项指导、催化的作用。这就降低了对指导师的要求，指导师更多地可以借助科学手段、科学仪器、成熟方法在自我成长的过程中重点指导即可。不需要指导师样样都行，面面俱到。这样也为指导师预留了成长的空间，创造了逐步成长的环境和条件。不像传统心理咨询师那样，上来就一对一，真刀真枪。我遇到的很多同学常常诉苦，花了很长时间学习心理学，也花了很多钱接受各种心理培训，觉得自己几年的积累可以了，结果好不容易接了几个个案咨询，自己没有经验，没有做好，个案脱落了。越来越心里没底了，越来越不敢接个案了。这也是很现实的一个问题，新入行的心理咨询师缺乏实习和练习的机会。很多心理咨询师和我讲，老师您做咨询的时候，能不能带着我观摩学习一下？我一般都很为难，首先，这涉及隐私，需要征得对方的同意，一般情况下都不会同意。其次，即便是同意了，我也会很慎重，因为有第三个人在场，我们的工作氛围和气场就会有很大的不同，对于来讲咨询的效果可能会受到影响，这对对方和咨询工作不利。因此，我内心很愿意示范教学，但是心理咨询工作的性质决定了，操作起来很困难。

心理指导师的成长也可以从心理倾听师做起，逐步成长为心理训练师，最后成长为心理指导师。先充分和对方接触，具象化协助解决明确的、自己能力范围内的问题。日积月累与对方建立良好的工作关系。自己的工作经验也逐渐丰富了。然后再成长为合格的心理指导师，系统化协助对方解决问题。

对于已经成熟的、业务能力非常强的心理咨询师，也应该看到心理行业的问题和局限性。可能大多数朋友也会感受到时间不够用，精力不够用，收入全靠拿一小时一小时的时间付出去换取。心理咨询师应该与时俱进，学习新的知识与技能，大大提高心理工作的服务效率。充分应用现代科学技术成果，可以在有限的时间里服务更多的客户，帮助更多的人。从根本上解决心理服务效率低，心理咨询师靠时间赚钱收入低，支出咨询费负担重的问题。

相关主管部门一再发文，三令五申要加强全民心理健康服务体系建设。而我们的心理行业发展缓慢，社会心理服务体系不健全，专家不足，力不从心的问题一直没有得到根本解决。自为心理成长法的发展需要全行业精英，本着高度的社会责任感和服务大众，为全民谋福利的宗旨，共同促进。使其发扬光大，成为为大众解决心理问题的希望的灯塔。

第五节
每个人都能做自己的心理指导师

看到身处困境的人时，绝大多数人都会生出同情心，很希望靠自己的力量帮助他们。每当我们以一己之力帮助了处于苦难和迷茫中的人们时，总会感觉无比欣慰，觉得自己特别有力量，特别有价值。这是一种非常幸福的感受，我们的心灵会得到巨大的滋养。学习心理学，以科学、严谨的方式帮助别人告别心理问题的困扰，成为很多人内心的一种情结。但由于成为合格的心理工作者门槛很高，很多人都望而却步、犹豫观望。事实也是如此，不严谨、不科学的热心肠，有时候会帮倒忙，甚至给当事人造成新的伤害。我们来看看马大姐是怎么做的。

马大姐今年 43 岁，高中学历。她本来曾是一名聪明好学的优秀生，学习成绩一直很好。当年参加高考考上了大学，可是出生于西北农村贫困家庭的她，父母没有钱，也坚决反对她上大学，于是遗憾地放弃了。成年后，她随爱人来北京发展，做了一名了流水线上的工人，兢兢业业一干就是十五年。三年前因工厂业务转型，停掉了生产线，马大姐失业了。她特别热情、有爱心，一直有个心愿做一名专业心理工作者。家里经济条件差，没有太多的钱支持她参加专业培训，她就买来心理学专业的书自学，听一些免费的心理学公开课，有不懂的地方就请教专业心理老师。

学习自为心理成长法理论和方法后，她特别兴奋，觉得这种分级成长的方法对于她实现心理专业人士的理想特别有帮助。于是她报名成了一名心理倾听师，经过系统培训，开始上岗。依靠扎实的心理知识，认真严谨的态度，积极乐观的态度，良好的共情能力和表达能力，她的工作做得得心应手，深受好评，她的自信心大增。一年多的心理倾听师工作，不仅增加了收入，也找到了自己的价值感。当接受她帮助的人，过年过节向她表示感谢和问候时，她总是激动得热泪盈眶。

马大姐一边做心理倾听师，一边学习心理训练师的理论、方法和技术。每一种训练方法她都亲自反复试用，她说，我自己没有亲身体验，就没有办法向别人传达，自己没有体会的东西，我是不会“忽悠”别人的。马大姐是个有心人，在做训练时，她会用心体会对方是什么样的，用什么方式训练效果最好，逐渐形成了相应的训练技巧传递给对方。因此对方总喜欢由她指导训练，在她的指导下，也总能很快产生良好效果。

心理状态如何，常见的心理困扰有哪些，他们的心境是怎样一步步恶化的，训练对象又是如何逐渐好起来的，马大姐有了直观、深刻的实践认知。未来几年她计划向心理指导师进军。她觉得实现自己的理想，成为一名合格的心理工作者，为时不远了。

从马大姐的例子可以看出，她的文化程度不高，年轻时也没有学习过心理学知识，但她有一颗乐于助人的火热的心，有持之以恒的决心，又思路清晰，一步一个台阶稳步成长。因此她的成长平稳而扎实。对于每个人而言，只要有决心，方法得当，都可以成长为合格的自为心理促进师。

第九章 自为心理成长者的家园

第一节
健心家园概述

2016年12月30日国家卫生计生委等22部委联合印发《关于加强心理健康服务的指导意见》；2018年6月8日国家卫生健康委员会《关于印发严重精神障碍管理治疗工作规范（2018年版）的通知》；2018年11月16日国家卫生健康委等10部委颁发《全国社会心理服务体系建设试点工作方案》；2019年9月11日国家卫生健康委员会发布《探索抑郁症防治特色服务工作方案》；十九大报告指出：加强社会心理服务体系建设，培育自尊自信、理性平和、积极向上的社会心态。2021年教育部办公厅发布了《教育部办公厅关于加强学生心理健康管理工作的通知》，明确指出："要进一步提高学生心理健康工作针对性和有效性，切实加强专业支撑和科学管理，着力提升学生心理健康素养。"

中国科学院心理研究所发布的我国第一部心理健康蓝皮书《中国国民心理健康发展报告（2017—2018年）》中指出：有11%—15%的人心理健康状况较差，可能具有轻度到中度心理问题；2%—3%的人心理健康状况差，可能具有中度到重度的心理问题。此次报告聚焦我国公务员群体的心理状况，其中提到该群体整体上心理健康水平良好，但仍有5%的人焦虑水平比较高，5.5%的人抑郁水平比较高，10.2%的人压力水平比较高；处于中高等焦虑、抑郁和压力水平的比例分别达到35.2%、33.2%和52.2%。报告中还提到，我国国民心理健康需求极大，但国民感知到的心理咨询服务不便利。具体来看，有 48% 的受访者认为“现在社会上人们的心理问题严重”，仅有 12% 的受访者认为“不严重”，有 40% 的受访者选择了“说不清”。有 88% 的受访者认为心理健康工作重要，绝大多数成年人都感到了心理健康工作的重要性，而有 74% 的受访者认为“心理咨询服务不便利”，这提示民众的心理健康需求与目前能够提供给民众的心理健康服务之间的差距很大。《2009 年和 2020 年青少年心理健康状况的年际演变》显示，2020 年青少年的抑郁检出率为 24.6%，其中，轻度抑郁的检出率为 17.2%，重度抑郁为 7.4%；2020 年青少年的平均睡眠时长为 7.8 个小时，分学段的分析发现小学生的平均睡眠时长为 8.7 个小时，初中生为 7.6 个小时，高中生为 7.2 个小时。

以上政策和科研数据可以看出，心理健康事业的发展会随着国家政策的引导和市场需求的推动，出现快速发展。越来越多的人想找到让自己获得心灵自由、告别心理问题的良方，也有越来越多的人认识到心理健康是生理健康的前提和保障，心理健康与生理健康同等重要。这样势必如同现在遍地开花、特别便利的健身中心一样，健心家园必然也会越来越普及。成为每一个有心理能力提升和心理问题解决需求的达人的时尚消费和活动的场所。

每个心理能力提升者需要有同伴的理解和相互支持，这个家园不仅仅是大家一起活动和训练的场所，也是大家心理归属的一块圣洁之地。每当你烦了、累了、失落了、慌乱了，就会想着回到这里，总能在这里找到资源，疗愈自己的心灵。它是我们心理的港湾，是我们第二个温暖的家园。

第二节
健心家园建立的基本原则

本原则参照了《心理健康中心建设标准》和《健身中心设计方案》的基本原则：即坚持科学性与实效性相结合；坚持发展、预防和危机干预相结合；坚持面向全体大众和关注个别差异相结合；坚持主动性与心理工作者的指导性相结合，并在此基础上进行了进一步的丰富和深化。

一、科学性与实效性并重

健心家园的建设和相关服务活动要以先进的科学理论和前沿成果为指导，并重视实际应用中的可操作性、灵活性和实效性。

二、促进心智发展、心理能力提升为主，兼顾心理问题预防、解决和心理危机干预

健心家园的建设和相关服务活动应以积极心理学为指导，以促进大众心智发展及心理资本的提升为主要目标，通过促进健康成长来预防心理问题的发生。同时，健心家园也要对部分在发展中出现的心理问题进行有效辅导，对因重大事件导致的心理危机进行有效干预。

三、普适性与个性化服务相结合

健心家园的建设和相关服务活动应面向全民开展心理健康教育和心理资本提升训练活动，以提高服务中心工作的效率，同时对有需求的服务对象提供个性化的心理训练和辅导服务。

四、强调生态性与系统性

在健心家园的工作中应采用综合性、系统性的思维模式，注重对人和环境互动关系的关注，将促进个体心理成长与改变外界环境有机地结合起来，以使二者相互调适，同步改变，收到事半功倍、长远和稳定的效果。

五、阶段递进与持续发展相统一

健心家园的工作应根据不同年龄、性别、身份等的不同心理发展任务和特点，制订具有针对性的心理健康教育课程与训练活动方案，同时应考虑心智各个方面发展的延续性，制定内涵上相互衔接、目标和形式上不断递进的心理健康服务内容。

六、专业性与趣味性并重

健心家园的工作应遵循心理健康教育与心理辅导的专业要求，在专业伦理和专业规则的指导下开展活动，同时又要重视的发展特点和实际需要，以大众喜闻乐见、生动有趣、积极向上的活动形式设计心理健康服务和训练健心方案。

七、自主活动与心理指导相结合

健心家园在开展心理健康服务过程中，既要注重激发参与健心训练的主动性和积极性，也要重视心理指导老师对服务方进行正确的引导、心理健康知识的传授和心理健康技能的训练，使心理能力提升的效果能够体现在服务方的实际工作、学习和生活中。

第三节
健心家园设计的先进性与创新性

在调研过程中，我们发现即便是心理健康教育先进的地区和单位，心理健康服务仍然存在一些需要思考和提升的地方，本中心设计标准针对这些不足进行了完善，同时也创造性地提出一些新的理念与思路，具体表现在以下三方面：

一、赋予了心理健康中心新的理念与内涵

目前，大多数开展心理健康服务的主要平台是心理咨询中心，其职能主要是关注“个别人的心理问题和有心理问题的人”，这使得心理健康教育主要指向了心理问题，指向了个别人，而大多数人并没有太多机会接受指导和帮助。心理中心一般命名为“心理咨询室”“心理辅导室”“心理援助中心”“心理健康中心”等，而从心理学的新发展——积极心理学的视角看来，心理学担负着引领每个个体积极发展的重大责任，而并不只是局限于为部分人群提供

心理帮助，所以，相比原来的心理咨询中心，健心家园有三个理念突破：

①改变了过去“以心理问题为中心”的取向，变成了“关注每个人的潜能和优势”的取向；

②改变了过去“更关注心理的消极表现”的取向，变成了“更关注积极心理品质”的取向；

③改变了过去“更关注有心理问题的个别人”的取向，变成了“关注每个的积极成长”的取向。

与本理念一致，中心的命名为“健心家园”，这很容易让人与“健身中心”产生联想，身体健康的人，为了更健康、更健美才会去健身中心，同样，心理健康的人为了精力旺盛、积极阳光、快乐幸福才会来到“健心家园”锻炼自己的心智。

二、健心家园的功能设计也体现了诸多的创新性

在新的理念和内涵的指导下，本中心的功能设计清晰地梳理了中心的定位和方向，能够切实帮助明确中心的工作任务和目标，从而更好地实现中心的职能。如为了更好地体现每个“优势和潜能开发”的取向，中心不只是偏重于健全人格的发展，而是设计了促进“心智共同发展”的功能，强调了人格完善和认知发展的双重任务，同时兼顾心理问题的解决。认知发展训练在一定程度上可以预防部分心理问题的发生和发展，真正体现了“预防原则”。

同时，本中心的设计紧紧抓住不同发展阶段的年龄特点和主要心理发展任务，对不同年龄的服务内容和方法进行了适应性地设计，确保中心能够为大众提供适合的服务和指导。

三、健心家园的建设规划也有较大创新

为了更好地体现中心的职能，中心在建设规划的设计上也有较大突破，力求能够真正面向所有人，带领每个人实现心理成长，如为了让每个人都能够就近、方便、积极参与中心的活动，中心的位置将选在交通便利、停车方便、靠近居民区的位置，到健心家园也不需要有任何心理压力，而是一种非常积极、健康、主动追求成长的行为，这是真正面向所有需求的设计。

另外，中心也将分为传统区与发展区，传统区注重心理问题的预防和解决，而发展区注重心理发展的引导和训练，这有助于将中心的职能更加清晰地呈现。

第四节
健心家园建设构想

一、健心家园的主要职能

（一）心理能力提升服务

面向全体开展心理健康水平自测项目；

面向全体开展放松减压训练；

面向全体开展专项心理能力提升训练；

面向全体开展情绪管理能力提升训练；

面向全体开展睡眠调节能力训练；

面向全体开展大脑功能提升训练；

面向全体开展专项脑能力提升训练；

面向全体开展脑能力与学习力提升训练。

（二）面对有特殊需求的人开展服务

焦虑状态、抑郁状态人员的康复；

心理因素导致的失眠人群的康复；

精神压力过大人群的康复；

慢病或重大疾病的心理重建；

情绪障碍的儿童、青少年。

学习困难、学习障碍儿童、青少年的康复。

（三）开展面向全体的心理健康科普和体验活动

积极开展心理健康教育教研活动；

开展心理健康教育学术交流活动；

开展心理健康科普与体验活动。

（四）组织开展对专（兼）职心理促进师的培训与督导工作

作为心理促进师教育和实习的基地；

组织心理促进师的培训工作；

开展心理促进师的督导工作。

二、健心家园理念

当满脑子官司、忙得焦头烂额、晕晕沉沉、情绪低落的时候，来到“健心家园”：温暖而清新的空气、淡淡的清香、温暖的灯光、舒服的色彩……让其好喜欢这个世外桃源般的地方。

宣泄——自我认知——自我调理——深度专家调理。

通过这样专业而系统的服务体系，轻度的问题和困扰可以自己解决，复杂和深度的困扰让我们以人工的方式帮忙梳理。

这里就是客人的心灵家园，是洗净铅华、疗愈创伤的地方。也是提升能力、积蓄力量应对更大挑战，取得更大成绩的地方。

丢盔卸甲、垂头丧气地进来，通过大脑充电，满面春风、满血复活地出来。快速恢复大脑活力，提高大脑活力，实现自信、专注、愉快、放松的最佳人生状态。预防心身疾病的发生。

三、健心家园功效

表达、宣泄压力和不良情绪；

数字化精准检测自己此时此刻的脑健康与心理健康状态和脑能力与心理能力；

快速改善大脑疲劳，恢复大脑活力；

调节焦虑、抑郁等不良情绪，缓解精神压力；

在人工智能引导下学习快速入睡的方法；

改善人际关系和恢复社交功能；

心理咨询服务场所；

互联网专业化在线服务平台，百名心理专家作为强大的社会支持系统。

四、健心家园示意图

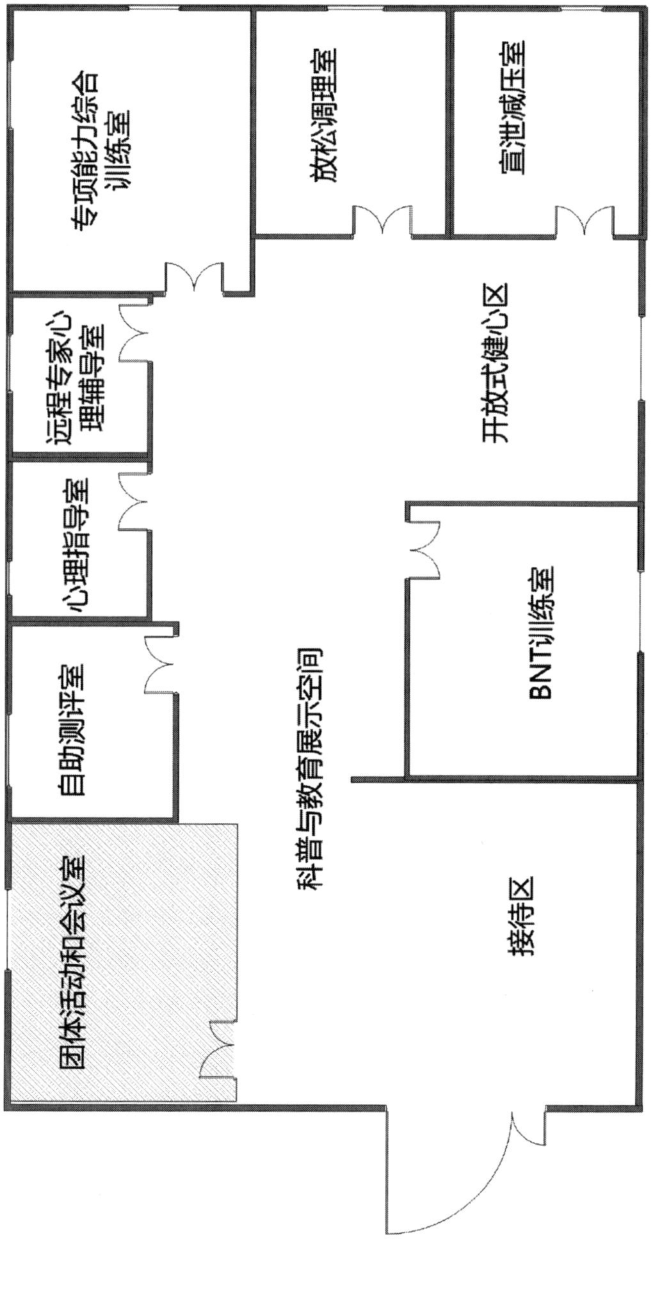

专项能力综合训练室
放松调理室
宣泄减压室
远程专家心理辅导室
开放式健心区
心理指导室
BNT训练室
自助测评室
科普与教育展示空间
团体活动和会议室
接待区

五、健心家园的主要功能区

说明："室"是指独立的房间；"区"指非独立房间，但具备独立功能区的地方，有足够的空间时可以单独成为一个房间，如空间有限，可根据现实条件与其他区或室合并使用空间。

1. 接待区

进入健心家园的第一个区域。

功能：

接待现场预约和电话预约，处理网络预约，为参与中心活动提供接待和安排服务，为等候活动的人员提供休息服务。

环境布置基调	安静、亲和、轻松、温馨
	墙上：欢迎语、服务流程、轻松氛围（音乐、画或语言）
基本设施	接待桌（前台）、电脑、电话、休闲沙发或椅子、茶几或桌子、饮水机、杂志架、电子导航等
心理学产品	适合学生阅读的、有助心理成长的读物、挂图等；触摸书（图解心理学）

创建要求：面积不小于20平方米，有醒目的标识，至少可以同时接待5人。

2. 宣泄减压室

功能：

帮助排解急需处理的愤怒、委屈等消极情绪，以避免将消极情绪转化为攻击行为或者过度压抑影响身心健康。

环境布置基调	安全、私密、隔音、避免强光、温馨
基本设施	地毯、墙面软包、避免硬物、监控摄像头
心理学产品	宣泄墙、宣泄沙袋、宣泄球、宣泄锤、宣泄鼓、智能呐喊宣泄放松系统、沙画宣泄系统、用于帮助宣泄的挂图、舒适沙发、纸巾盒

创建要求：面积不小于20平方米，所有设施需要考虑安全问题。

3. 自助测评室

功能：

可根据自己的需要和应指导师的要求，面对各种检测仪器开展自助式心理测评，了解自己当下的心理状态。

环境布置基调	安静、整洁、宽敞
基本设施	电脑桌、椅子、文件柜、饮水机
心理学产品	心理测评系统、心理检测仪器

创建要求：面积不小于 10 平方米，可容纳单人自助测评。

4. 放松调理室

功能：

帮助对方及时调整情绪、进行身心放松、缓解精神压力，从而提高对方的身心健康水平，同时也避免因心理问题导致的对身心健康的伤害。

环境布置基调	安静、阳光好、放松、温馨
基本设施	沙发、茶几、计算机、遮挡帘、书架、饮水机
心理学产品	两或三台音乐放松椅、语言—音乐放松疗愈系统、生物反馈训练设备、心理学书箱、杂志、自助咖啡机

创建要求：面积不小于 20 平方米，能够同时容纳 2—3 名进行自助放松活动。

5. 心理指导室

功能：

对主动求助的人员提供心理辅导；

对倾听师、训练师建议的需要关注的进行主动辅导。

环境布置基调	隔音、安全、安静、温馨
基本设施	单人和双人硬沙发或扶手椅、茶几、挂钟、饮水机、摄像头、单面镜、绿植、纸巾盒、墙面装饰画、录音笔等
心理学产品	知情同意书、咨询记录纸等

创建要求：面积不小于 15 平方米，可容纳指导师和家庭成员一共至少 4 人。

6. 远程专家心理辅导室

百名全国资深心理专家在线预约式服务，通过远程视频互动平台为使用方提供心理指导服务。

环境布置基调	隔音、安全、安静、温馨
基本设施	单人和双人硬沙发或扶手椅、茶几、挂钟、饮水机、摄像头、单面镜、绿植、纸巾盒、墙面装饰画、录音笔、电脑或 VR 视频真人再现系统等
心理学产品	知情同意书、咨询记录纸等

创建要求：面积不小于 8 平方米。

7. 专项能力综合训练室

功能：

对注意力（范围、持久性）进行培养和训练；

对观察力进行培养和训练；

对记忆力（数字、空间、面孔、声音记忆等）进行培养和训练；

对逻辑思维能力（演绎和归纳）进行培养和训练；

对想象能力进行培养和训练。

环境布置基调	轻松、明快、富有想象力
基本设施	训练用电脑、器材
心理学产品	认知训练软件

创建要求：面积不小于40平方米，可供至少10人同时进行训练。

8. BNT训练室

功能：

通过人机交互的神经反馈训练技术为对方提供能力训练和状态调理，包括睡眠调理、情绪调理等。

环境布置基调	轻松、明快、富有想象力
基本设施	训练用脑电设备、器材
心理学产品	认知训练软件

创建要求：面积不小于20平方米，可供至少两人同时进行训练。

9. 团体活动和会议室

功能：

可容纳6—12人上团体心理辅导课，教授心理学和自助训练的理念和方法，讨论相关心理专题，开展心理剧等活动。

环境布置基调	明亮、宽敞
基本设施	会议桌椅、心理剧小舞台、视频监控设备、投影、电子白板、音响系统（含麦克）、地垫、物品架（柜）、少量活动长条桌和折叠椅、灯效
心理学产品	团体心理辅导箱、心理学挂图

创建要求：面积不小于50平方米，能够同时容纳至少6—12名进行团体活动。

10. 开放式健心区

各类健心训练设备，如心理沙盘、健心电子飞镖、舞动心理疏导、木屋人偶游戏、心理现象及原理体验等。通过大家比赛和交互活动，提升心理能力，缓减心理压力。

11. 科普与教育展示空间

功能：

向对方宣传脑科学、心理健康等的科学理念和知识；

让对方体验一些心理活动规律和心理现象；

培养儿童、青少年对心理科学知识和规律的探索精神。

环境布置基调	宽敞、明亮
基本设施	2—3 块演示屏、计算机
心理学产品	电子相框、电子阅览、心理学实验仪器、大脑模型、心率变异性实验、错觉实验、体验时间和速度仪等

创建要求：面积不小于 40 平方米，可供至少 15 人同时参观。

六、健心家园工作人员配置及要求

配置专职心理指导师 2 名和 3—4 名兼职倾听师和训练师。

专职心理指导师的要求：

心理学及相关专业的本科及以上学历并具有职业技能培训合格证书；持国家心理咨询师二级以上证书优先；近 3 年，接受专业培训 42 个学时以上。

兼职倾听师和训练师的要求：

具有一定心理学知识和技能的心理工作者或热心于此项工作的其他工作人员，且在近 3 年来，累计接受自为心理成长法培训 20 课时以上。参加实习 60 小时以上。

第十章

自为心理成长法典型案例

第一节
自为心理成长法为学生赋能

一、小 H 的故事

2020 年的夏天，我们工作室来了一位漂亮的女士。带着一男一女两个可爱的孩子。女士是经朋友介绍来的，两个小孩是一对龙凤胎姐姐和弟弟。女士刚开始介绍情况时，就哭得很厉害。讲孩子的爸爸很忙，也很内向，赚钱很多，但基本没时间管孩子。女士全职带两个孩子，心力交瘁，现在孩子上一年级，他俩在一个班。女孩子状态很好，男孩子小 H 特别让人费心。在学校上课时坐不住，随便说话，随便走动，和班里一个同样有“问题”的男孩经常上着课就打起来。被老师无数次找家长，要求带孩子去做心理检查，希望孩子能转学，为此孩子父母痛苦不堪。

通过90脑波仪检测，小 H 的注意力指数只有2，属于重度偏离。在工作室里他的表现也很夸张，跑来跑去、大喊大叫，我们很担心他从十几层高的楼上的落地窗大玻璃上冲出去，训练师老师寸步不离地紧跟着他。孩子妈妈不停地命令他停下来，孩子好像没有听到一样，完全无效。小 H 也表现得很叛逆，姐姐特别喜欢向妈妈告状（包括小 H 在学校的很多不良表现，也都是姐姐向妈妈告密的），妈妈也总说你看你姐姐，再看看你，你太不像话了！不要你了！

在与小 H 逐渐熟悉之后，他机灵地感觉到我们是真心喜欢他，真心对他好，他也就放松下来喜欢和我们互动、交流了。他看上一款为了鼓励小朋友积极训练的玩具电动汽车。他还很喜欢用于注意力训练的一款人机交互的射箭训练游戏。于是训练师对他说，咱们来进行射箭训练，射箭得分超过 240 环就算完成一次训练，就给你发一张奖励卡，你集够 10 张奖励卡，就可以换电动小汽车。小 H 特别兴奋，马上开始了认真的训练。开始训练时他不得要领，瞄准的准心总是因为他注意力不集中，情绪不稳定而乱跳，常常脱靶 0 环。他急得拍键盘，大喊大叫，还说脏话。训练师很耐心地引导他，管理好情绪，不要着急，摸索方法和要领。终于他连中两个 10 环，特别高兴，训练师问他，你是怎么做到的？他说，我调整呼吸，注意观察，等待机会，不要着急，看到瞄准了，马上发射，就能中 10 环。

经过连续 18 天，每天 1 小时的训练（中间有休息和娱乐的时间），再次用 90 脑波仪检测，小 H 的注意力指数为 15，属于正常范围。生活中他的变化很明显，原来几乎 1 分钟都不能安静下来，现在我看到他在训练师的引导下学习下国际象棋，连续十几分钟一动不动地在认真思考。

新学期开学后两个月，进行了家长随访。小 H 妈妈讲，孩子像换了个人似的，一下子长大了，做事很认真投入，学校再也没有因为他的纪律问题找过家长。

通过这个个案可以看到，小 H 的注意力差的问题与家长的教养方式有关，在训练的同时也对家长的教育方式进行了引导。尽管是很小的孩子，理解他、接纳他、激发他的成就感，找到激发他训练的动力，然后在有兴趣和有动力的基础上再加以有方法地教授，他的进步就会特别显著。孩子感受到自己进步了，获得了一个个小成绩，得到了别人的肯定和赞许，对他是非常重要的正向激励，他就会变得越来越好。

二、害怕考试的好学生

2021年4月初，睡眠与情绪调理中心接待了一家人。前来的目的是女儿马上面临高考了，但是现在一场小的模拟考试就紧张得不得了，晚上睡不着觉，拉肚子。考试时感觉大脑晕晕沉沉，很多题模模糊糊、似会非会。高考一模考试刚刚过去，成绩较以往下滑很大，全家都特别担心。

刚见面时，我说请讲讲具体情况吧，女儿和孩子爸爸都没说话，孩子妈妈非常激动，迫不及待的样子，一边气愤地拍着桌子一边说："也不知道是怎么了，本来应该会的，一考试就做不对！很多简单的、低级的错误也经常犯，就跟成心似的。"我看一眼孩子，看到她眼里满是泪花。

访谈中可以看出来，孩子妈妈在家比较强势，孩子爸爸比较温和，很心疼老婆，总是很注意老婆的感受。孩子和她爸爸的性格较接近，都是平和，在乎别人感受重于自己感受的人。

用90脑波仪对孩子的状态进行检测，紧张兴奋指数87，重度偏离；情绪压力38，中度偏离。困倦指数45，中度偏离；大脑疲劳度88，重度偏离。可以看到，高考前孩子的脑健康和情绪状态整体比较差。再给孩子做检测时，孩子爸爸一个劲儿示意我，请我说服孩子妈妈也做个检测，他自己不敢明说。我和孩子妈妈讲明后，她很配合，说那我也检测一下。孩子和她爸很兴奋，说你一定指标更差。我说不一定，凭我的感觉，妈妈的指标应该不会差。检测结果出来她的紧张兴奋指数29，轻度偏离；情绪压力指数30，轻度偏离，其余指数都在正常范围内。孩子惊讶地问，为什么会这样呀！明明感觉她最焦虑。我说，你看她又说又骂，很多情绪都宣泄出去了。孩子妈妈说，对呀，我不高兴就说，说完我就忘了。孩子似有所悟："妈妈，我一直很在乎你的感受，特别担心考不好惹你生气，让你失望。没想到，你其实比我的状态好多了。"

我们给孩子制订了缓解大脑疲劳、克服紧张情绪和应对考试焦虑的 BNT 人机交互训练计划。因为马上高考临近，天天来训练中心训练不能实现。于是制定了先来中心训练两次，由训练师带着学会训练项目和需要掌握的训练要领，然后将设备租回家，自己在家训练，训练师通过网络视频远程指导。

经过 10 天的训练，孩子说，我有一种对情绪的自我掌控感了，放心吧，我没问题了。高考后传来喜讯，孩子和爸爸手捧鲜花来看我们，她如愿以偿，考上了自己最想上的理想大学、理想专业。

第二节
自为心理成长法为职场赋能

一、一位金领女士的困扰

她38岁，有一个5岁的女儿，丈夫是一位音乐家。说她是金领，是因为她在一家上市公司做高管，担任着重要的职务，年薪 300 万元以上。她经亲戚介绍来到情绪与睡眠调理中心。她讲，去了很多医院，医生给开过很多药，她感觉吃药没什么效果，状态好的时候不吃药也没问题，状态不好的时候吃药也不管用，现在很排斥吃药。心理咨询也做了很多，找过不下十个心理咨询师，觉得根本不能帮到自己，道理自己都懂，不用别人讲。今天本来不想来，但是亲戚反复叮嘱，不好意思不来。

通过访谈了解到，她是一个非常聪明又很敏感的人，从小有过心理创伤，高中阶段又是一个人在国外作为小留学生度过的，大学毕业后才回到国内。她讲，当时实在受不了多次给家里打电话想回来，父母每次都是简单粗暴地骂一顿，让她坚持，自己真不知道是怎么活过来的。现在的问题是天天活在担心和焦虑之中，担心自己女儿生病，担心自己身体出问题。每天早晨和上午最难受，胸闷、气短、全身无力、不想上班。不敢去医院看病，每次去医院都会思想斗争好几天，吃不下，睡不着，总是担心会查出大问题。去了医院，等待出检查结果那几天更是像等待终极审判一样，惶惶不可终日。检查结果出来，一看没什么问题，稍微安慰一下，但是很快又会想，会不会医院和医生的水平不行，没有检查出来呀，于是又开始焦虑。最近单位组织体检，查出来有乳腺增生和肝囊肿，又特别担心。

她面容憔悴、身体瘦弱、眉头紧锁，能感受到她处于极度痛苦之中。通过大脑和自主神经功能检测，发现她的心能量指数为 3，重度偏离；自主神经活性在低活跃区、偏交感神经活跃；紧张兴奋指数 82，重度偏离；大脑负荷 100，重度偏离；情绪压力指数 52，重度偏离。

首先，与她进行了认知方面的沟通与讨论：你有没有发现不管是去专科医院看病用药，还是找心理咨询师，你的心态都是在外求。希望通过找到灵丹妙药或者是权威的心理专家几句话，就把你的问题解决了。她说：对呀，我这是病，可不就得求医问药嘛！我说，你的条件算是最好的，应该享受了最好的医疗资源，但是你发现问题并没有得到有效的改善。此“病”非彼“病”，你有没有想过通过内求的方式改变自己。不管你过去经历了什么，你的创伤留存在大脑里，而大脑是可塑的，我们可以从今天开始，靠自己的努力，改变大脑的思维模式和行为习惯，进而解决自己的问题。讲到这里，看到她的眼里有了希望之光，呈现出期待的神情。

她工作太忙了，不可能有大块的时间来训练中心，她也不愿意因心理问题向公司请假，担心因此影响工作和职位。为她制订了如下训练方案：心氧训练每天 2 次，每次 10 分钟；进行自主神经功能训练，每天 1 次，每次 15 分钟；进行 BNT 训练，重点进行放松训练、思绪排空训练、美好想象训练等，每天 1 次，每次 20 分钟。

她是个非常有执行力和自律性很强的人，也是因为前三天的训练使她明显感受到了好处，她一直坚持训练了 3 个月。3 个月后她来归还设备，完全判若两人，她精神抖擞、举止优雅、面带笑容，真是一位不折不扣的白领丽人了。

她很自信地说，我好了，身体好了，睡眠也好了。我学会了管理自己的大脑，有时候还会不由自主地想到一些不好的事情，但是我马上能意识到，又想歪了。马上把注意力转移到积极的、美好的事物上来。心理问题真的不同于身体生病，自己的能动性很大。太感谢你们让我走出了心理黑洞。我觉得你们不仅帮助了我，我状态的改善对于我女儿的成长也特别重要。

二、一位全运会冠军的心路历程

小 L 是一位体育运动员，女性，23 岁，从小热爱某项体育运动，成绩不错。为了保护她的隐私，具体运动项目就不便细说了。她从小训练很刻苦，进入了省队，教练也非常看好，认为她是个难得的好苗子，非常有实力拿全国冠军，甚至可以冲击世界冠军。小 L 有一个很大的问题就是平时训练成绩很好，但是一到重大比赛时就紧张过度，越是重要比赛，越是发挥不出来。前几年她和教练都觉得是参加大赛的经验少，多打比赛，积累经验就好了。教练常说，没问题，我带的队员多了，只要有实力，多比赛，自然就会好。可是眼看小 L 年龄不小了，全国运动会越来越近，再不出成绩可能以后就没机会了。为此小 L 和教练都很苦恼。

偶然的机会，教练通过体育局一位领导介绍，知道有提升运动员心理素质的专项训练。交流后我们对小 L 进行了心理状态与脑能力的检测，制订了人机交互的 BNT 训练方案。具体的训练科目为：自主神经功能平衡训练、神经放松训练、抵抗干扰训练和思绪排空训练等。目的是让她学会在比赛中熟练调动自己的状态，做到自信、专注、愉快、放松的最佳竞技状态。

小 L 的确是一个很有灵性、领悟力极强的优秀运动员，每个训练任务都可以很快掌握方法和要领，顺利完成训练。只用了四周时间，每天也只在体育训练之余进行 1—2 个小时的 BNT 训练，但她的心理素质训练进步非常显著。在指导师的引领下，她慢慢学会将训练学到的心理调节方法应用于想象的比赛之中。

BNT 训练全部科目结束时，小 L 总结说："我作为专业运动员，从小成绩比较好，教练和家长都很宠我，自己也很要强，特别怕别人说自己哪里有问题。其实这么多年心理素质这块一直没有过关，但是自己不承认，内心觉得心理素质差就等于说自己懦弱、无能。总是用没有发挥好、技术动作不娴熟、身体状态不好、比赛环境干扰等各种理由给自己开脱，其实就是心理素质问题。年纪越来越大了，想赢怕输的精神压力加上没有方法自我调节情绪、缓减压力，心理包袱更重了。通过系统的心理训练，我无数次回忆了过往的比赛场景和即将迎来的重大比赛画面，我觉得内心成长了，强大了。我会加强体育专项和心理素质的训练，我相信凭我的实力，一定会在大赛上有一个良好的表现！”

结果非常令人满意，小 L 在 2021 年第十四届全国运动会上荣获了该项目的金牌，现在她正在积极训练，争取取得更多、更好的成绩。

三、某政府机关的团体心理健康服务

某政府机关的党委和工会领导希望为其单位的公务员们提供一些心理健康服务，但是领导们有一些担心和顾虑，怕被大家误解，担心大家接受不了心理健康内容。我们与领导们一起策划了服务方案：派专人负责通过仪器为员工开展心理健康体检，派心理指导师为大家提供报告解读和心理咨询服务。机关提供场地，负责通知各部门在为期一周的服务时间内自愿参加。检测是在引导界面和语音提示下员工自助完成的，有需要协助时，可以咨询负责检测的工作人员。检测报告当场自动打印出来，员工可以通过报告解读手册自己分析报告，也可以请现场的心理指导师帮助分析报告，进行心理咨询。

为期一周的服务效果非常好，员工们都很踊跃参加，检测每天都排长长的队伍。有一位局级领导，连续三天到现场看看人太多就离开了，想检测都排不上队。后来还是我们周末延期一天，开了领导干部和平时工作繁忙人员的专场，他才做上了检测。

对于重要检测指标有重度偏离的员工，他们自己也很了解自己的状态，很多人愿意接受之后的延伸服务，进行有针对性、个性化调适训练。事实证明员工心理健康意识非常强，很大比例的人群也的确存在焦虑、抑郁、睡眠质量差、大脑严重疲劳和大脑早期老化的情况。服务后进行了详细的检测数据分体，形成了《×××部员工心理健康状况团体分析报告及应对策略建议》，出于保密的需要，具体数据不便公开。

之后，同人事部门的领导共同研究，针对员工工作时间长、体育锻炼少以及心理亚健康人数多的情况，制订了“心能”和“体能”达标计划。根据不同年龄、不同性别制订对应的心能和体能检测标准和达标指标。安排时间对全员进行了达标测试，对于有未达标项的员工，进行有计划的专项训练，要求半年内达标。这是提升员工胜任力的一项开创性的工作，开展两年以来取得了良好的效果。

第三节
自为心理成长法助力情绪与睡眠管理

一、惊恐发作的老领导

老领导已经76岁了，老北京人，男性。人生经历有些磨难也很传奇，高中期间上山下乡，小小年纪就到偏远的大西北农村改天换地去了。在一次生产劳动中，发生了意外，自己受了重伤，一位同学牺牲了，他目睹了整个过程，受了很大的刺激，几天几夜吃不下饭，睡不着觉，之后慢慢好了。他也特别聪明、特别努力，一直表现优秀，出类拔萃，退休时到了正局级。但是落下个毛病，过度注意安全问题，有时到了吹毛求疵的程度。从来不敢坐轿车前排，当了几十年的领导出差尽量不坐飞机，宁可坐十几个小时的火车。

2003 年非典型肺炎暴发时，他曾惊恐发作过，当时折腾了几个月，用了抗焦虑的药物治疗，渐渐好转了。

本次新型冠状病毒暴发之初，他再次出现惊恐发作的症状。有三个晚上出现濒死感，家里叫了三次救护车，送到医院检查，没有发现相关器质性问题。最后确定为焦虑，建议看心理科。他去了北京五家著名的三甲医院，吃了很多药物，依然没有好转。某三甲医院的一位神经内科主任，因为曾经与我们有过课题合作，彼此比较了解，推荐他来接受非药物调理。

了解了老领导的基本情况后，给他做了大脑和自主神经功能检测。他的自主神经功能很低下，在低活跃区，偏副交感神经活跃。心能量指数只有 2，重度偏离；紧张兴奋指数 75，重度偏离，情绪压力指数 69，重度偏离。他的状态指数这么差，但是各项能力指数都很好，也验证了他果然有过人的能力，同时也坚定了大家对他可以康复的信心。他年纪大了，家离训练中心也比较远，确定了在家训练的计划。他几乎不用做太多的训练前教育，高度理解和认可自为心理成长法的理念和方法。他觉得自己就是缺乏科学的方法指导，有方法自己一定会认认真真坚持训练的。他的主要训练内容是：心氧情绪调节练习，每天一次，每次 30 分钟，包括肌肉放松练习，怡心呼吸练习，美好想象练习；自主神经功能增强练习每天一次，每次 15 分钟；大脑放松练习每天 1 次，每次 15 分钟。连续训练三个月。由于他年纪大了，心理状态基础较差，刚开始训练时很不顺利，连续几天训练镜映画面都一动不动，刚开始训练时，还有一次轻度焦虑发作，他通过呼吸调整和自我暗示很快调整过来了。他严谨、自律、聪明、理性的特点帮助了他，每天认认真真坚持练习，一周后就基本可以完成训练任务了，情绪状态也大大改善。结束训练后的一年里，我们一直保持着联系，他还因为是新型冠状病毒患者的密切接触者被集中隔离了几周，期间他的状态依然很好，惊恐发作的问题再没有发生过。

二、饱受失眠困扰的人们

B 老师是一位音乐教师，平时工作很忙，作息时间不太规律。近期她遇到了很大的心理挑战。首先是儿子青春期叛逆很严重，闹着不去上学，在家没白没黑地玩游戏，晚上不睡觉白天不起床。还有就是 B 老师的父亲突然气喘不能正常活动了，经检查是心脏功能出现了很大问题，需要做个大手术。这让她心力交瘁，加上自己人到中年，有一些更年期提前的症状，几件事情叠加在一起，让她很崩溃，连续一个多月睡眠非常差。

Q 先生是一位大型国有银行的中层干部，一向中规中矩，工作踏踏实实，领导很看好他。单位要搞中层干部提拔的工作，公开搞一次竞聘演讲活动。领导提前两个月和他打招呼，希望好好准备，认真对待。可是 Q 先生为此感到非常焦虑，不参加吧怕领导怪自己不求上进、不思进取；参加吧，想想都觉得非常恐惧，生怕自己表现失常。从此开始睡不好觉了，入睡困难、早醒、多梦样样情况都出现了，痛苦不堪。

Y 总是某大型央企的一把手，他本是个特别严谨、恪尽职守的好领导，自己也清楚地知道自己和单位没有什么违规违纪的行为，但总是不由自主地紧张，睡眠变得很差。日常工作又特别繁忙，会议和活动特别多，越来越觉得力不从心，体力和脑力都很差。他讲，我有一种随时可能倒下的感觉，要是能好好睡上一觉就好了。

小 M 是一位高三年级的学生，她特别乖巧、懂事，学习很刻苦，成绩也在北京某重点中学名列前茅。本来孩子和家长都踌躇满志，有把握考上理想的大学。可是从一模开始，她出现了严重的失眠。孩子非常着急，感觉睡不着觉已经严重影响自己的总复习和考试成绩，非常担心问题会越来越严重，影响到高考时的发挥。越是担心和恐惧，睡眠问题越严重，还一把一把掉头发，出现了几处斑秃。眼看高考一天天临近，孩子和家长心急如焚，不知如何是好。

M 女士是一位大学副教授，35 岁的她初为人母，生了一个可爱的小女儿。本来是一件全家都特别高兴的大喜事，可是 M 女士却患上了严重的产后抑郁症。吃不下饭、睡不着觉，整天以泪洗面，拒绝给孩子喂奶，也不愿意抱孩子。眼见她日益消瘦，其丈夫和妈妈急得团团转。

以上几个案例，都很有代表性，面对如此情景下的睡眠问题，在自为心理成长法的指导下应该如何进行调理和改善呢?

1. 失眠严重程度及失眠类型分析的检测与评估

我们需要对失眠的人士进行大脑功能和自主神经功能的检测。因为国内外的大量科学研究证明，人类的睡眠质量与大脑和自主神经系统的功能密切相关。换言之，睡眠好的人与睡眠障碍的人具有不同的脑电波和心电图的特征。通过大脑和自主神经功能的检测可以分析出失眠的严重程度，也可以检测出引起失眠不同的指标异常情况。

自为心理成长法总结出与睡眠质量相关的十个影响因素：

a. 植物神经功能紊乱（ad）处于低活跃区附近；

b. 交感神经或副交感神经过度活跃（sh）；

c. 心能指数差（cid）参考值：小于 20；

d. 思虑过度（工作负荷太大）（et）参考值：大于 75；

e. 紧张兴奋过度（as）参考值：大于 45；

f. 担心和忧愁过度（ds）参考值：大于 40；

g. 过分敏感多疑（dh）参考值：大于 45；

h. 强迫思维大脑不能放松（ft）参考值：小于 41；

i. 负性事件想不开（ne）参考值：小于 35；

j. 对于环境太敏感（es）参考值：小于 35。

2. 失眠的自主训练调理

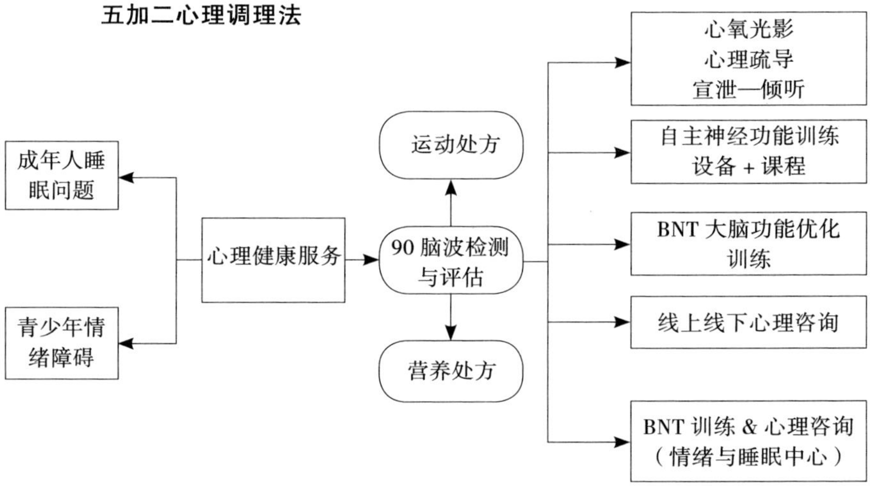

自为心理成长法对于失眠问题的解决，采用绿色的调理方法。经多年的临床实践，总结出一套系统的解决方案，简单概括为五加二调理策略。其中五是指五级心理学干预方式，一级为心氧、光影心理疏导系统、宣泄—倾听模式等不需要专业硬件的自我调理系统；二级为自主神经功能检测与训练系统，需要通过专业的设备配合定制化的培训课程协助进行训练和调整；三级为 BNT 训练系统，需要通过 90 脑波训练系统，在训练师的指导下进行训练和调整；四级为心理咨询与指导服务，可以通过线上和线下咨询的方式，与心理指导师一起工作，解决心理困惑、心理创伤和不合理认知等；五级为 BNT 训练加心理咨询与指导联合服务，是对既有认知方面的问题，又需要改善心理状态，从而需要提升心理能力的人所提供的服务。

五级调理方案从一级到五级为逐步提高服务等级和难度的设置，具体到某人需要根据其具体情况和仪器检测结果来确定调理方案。一般情况下对于轻症、亚健康的人，尽量选择最为便捷又对症的解决方案，几级服务方式也可以同时联合使用，效果会更好。

加二的两个策略分别是运动处方和营养处方。根据具体的情况和检测报告的结论，分别由运动心理专家和营养心理专家制订运动和营养的辅助计划，以利于加快康复速度。

3. 失眠的自主训练调理的效果分析

因为五加二调理策略是基于睡眠相关的十大影响因素的基础上设计的，有精准的检测数据为依据，同时训练调理又是有针对性的带人工智能动态及时反馈的系统，因此训练效果显著。对于服用安眠药物效果不理想和希望摆脱依靠药物维持睡眠的尤为适合。临床实践证明，凡是坚持两个以上训练周期（16 次训练，每次 1 小时）的，显著有效率达到 98.3%。以上案例中的几位，经过系统的训练都已康复，摆脱了失眠的困扰。

工作中训练师会讲：“每个人经过认真努力都可以完成训练，您不能完成训练任务，我可以给您演示，我们一起探索训练的方法和要领。只要您能顺利完成训练任务，保证您的睡眠会逐渐好起来。至今为止，还没有看到过能熟练完成训练，但是没有效果的受训者。”

第四节
自为心理成长法帮助心理工作者成才

Z 女士今年 48 岁，原来是做外贸进出口的报关员。40 岁时偶尔陪朋友参加一个心理学的公开课，一下子着迷了心理学。她觉得自己本是个爱心满满的人，特别有助人情结，她终于找到了人生的使命。于是开始了近乎疯狂的心理学学习。她系统学习了心理学硕士课程班，还学习了很多心理学专项技术。2020 年春季，她觉得自己好像可以接个案了，于是开始了心理咨询实践。开始接心理咨询不久，遇到一位金融机构做高管的中年男子。他表情严肃、语言刻薄，这让 Z 女士更加紧张，心里没底了。来访者敏锐地看出了 Z 女士的异样，问道：你做心理咨询多长时间了？ Z 女士诚实地回答：我学习了很多年心理学，做了大量的咨询准备工作，但的确做个案咨询才刚刚开始。来访者很生气地说，你这不是拿我练手吗？我是来解决问题的，不是来给你当小白鼠的，你知不知道你是在浪费我的时间！你有千人以上单位的工作经历吗？你了解大企业的钩心斗角吗？你有什么资历敢接我的咨询……后来 Z 女士回忆，她被怼哭了，很狼狈地度过了 30 分钟，后来访者愤愤然地离开了。从此她落下了心病，不太敢接个案咨询了。零散做过几个，自己觉得不得要领，效果也不好。

学习自为心理成长法后，Z 女士很兴奋，她感觉从心理倾听师做起，压力会小很多，可以逐步积累咨询经验，夯实和沟通是建立良好关系的基础。做了一段时间的倾听师后，她也有了更深的自我觉察，发现自己抱着助人的心态，进入心理学行业，花了很多钱，用了很长时间，特别想尽快证明自己，特别想立竿见影地看到来访者的成长，结果心太急了，给自己和来访者的压力都太大了，因此常常会彼此感觉很不舒服。通过做倾听师才真正学会了听心声的技能，深刻理解了自为心理成长法的真谛。

半年后，Z 女士一边继续做心理倾听师，一边开始学习心理训练师的技能，她提出希望转做心理训练师。她的想法是做心理倾听师，提高和系统梳理心理学的知识和技能，学会了理解和接纳。但是大多数倾听工作是在网上通过视频进行的，她希望能更多地面对面接触来访者。

第一次做训练师，Z 女士非常紧张，还没到预约的时间，来访者还没来，她一个劲儿地说，我行吗？要不先让别人来做？大家一个劲儿鼓励她，都知道凭她的学识和能力完全可以胜任工作，也觉得她必须得突破这一心理障碍。还有一个对她有利的因素是，这种人机交互训练的指导，不同于传统的心理咨询，不是咨询师和来访者的直接交流，而是来访者—训练系统—训练师，三者的交互，也就是在来访者和训练师中间有个第三方，这种模式非常有利于来访者和训练师相对容易放松和建立良好关系。结果整个训练过程都非常顺利，Z 女士也随着后来训练的来访者一批批痊愈而变得越来越自信。现在她的经验非常丰富，在来访者面前应对自如。

在为期 8 个月的训练师生涯中，在训练间歇和休息时，来访者会主动和 Z 女士讲自己的问题和心思，她也乐于与来访者交流，适当做一些咨询。一来二去，松弛了她做咨询时的状态，提升了心理咨询的方法和技巧，她顺理成章地成了心理指导师。之后，她做了很多个案，都很成功，用户满意度百分之百。她有做心理训练师的经验，在系统化分析情况、制订训练方案工作都得心应手。来访者和训练师在训练中遇到问题，需要指导时，她总是游刃有余地出色完成。

现在的 Z 老师已经蜕变为一名优秀的心理工作者了，从事着自己钟爱的事业，脸上总是洋溢着幸福的笑容，人看起来像三十多岁，自信而靓丽。

每个渴望向阳而生的生命，一旦精彩绽放，就会魅力无限。

后　记

历时一年半时间的写作和反复修改，《提高心理免疫力——自为心理成长法》一书终于完成并出版发行了。非常感谢一次心理学行业发展论坛上，身为心理学行业“局外人”的一位管理学大师，在听完我滔滔不绝地讲述十多年来在心理学行业开展的工作和创新的成果后，他给我的启示：你应该把这些理论和方法总结出来，形成系统的东西，把它发扬光大，普惠大众。心有灵犀，我听懂了他的意思，并且非常激动，于是就很有激情地开始了本书的创作。

非常感谢心理学界的老师和各位同人朋友们，在一起的交流和讨论中对于本书的大力支持和积极肯定，以及部分学者为本书的创作贡献的智慧和倾注的心血。感谢运动心理专家和营养心理专家与本人精诚合作，共同执笔完成“运动与心理”和“营养与心理”部分内容的写作，保证了本书结构的完整性。感谢诸位领导、专家和编辑对本书的指正和勘误。

由于认知水平所限，且许多理论和实践历经的时间还较短，尚在发展中，有待进一步发展和完善。本书的出版也是抛砖引玉，希望与同行携手共同为我国的心理健康服务体系的完善尽最大一份力量。本书存在很多不足之处，希望读者批评指正。

在您即将阅读完本书之际，我想说：没有人百分之百是完全正确的、完美无瑕的，也没有人百分之百是一无是处的。然而现实生活中总会遇到这样的人，认为自己没有问题，都是别人的错、社会的错；有的人却不管什么时候、什么事情都认为是自己的错、自己不好。真是这样吗？需要好好自我觉察一下。事实上每个人都有其独特的魅力，有属于自己的优势和精彩。我们要树立“二八思想”，就是要肯定自己百分之八十的价值和优势，只有百分之二十需要改进和优化。这不是全盘否定，也不是彻底革命，更不是推倒重来，每个生命之所以生存下来，必然有其安身立命的本领，这一定要给予肯定。每个精彩的生命，只需不断精进、优化那百分之二十的不利于自己更健康、更快乐、更有作为或阻碍发展的部分，就足够了。抱着这样的态度再回首本书，您是否又有一番新的感受呢？

如果本书能为您每天的快乐和一生的幸福有所帮助，那将是我们最大的欣慰。